A IGREJA IRRESISTÍVEL

WAYNE
CORDEIRO

Prefácio de BILL HYBELS

Vida

A IGREJA IRRESISTÍVEL

Características de uma igreja que arranca aplausos do céu

Editora Vida
Rua Isidro Tinoco, 70 Tatuapé
CEP 03316-010 São Paulo, SP
Tel.: 0 xx 11 2618 7000
Fax: 0 xx 11 2618 7030
www.editoravida.com.br

■

Todos os grifos são do autor.

Todas as citações bíblicas e de terceiros foram adaptadas
segundo o Acordo Ortográfico da Língua Portuguesa,
assinado em 1990, em vigor desde janeiro de 2009.

Editor responsável: Marcelo Smargiasse
Editor-assistente: Gisele Romão da Cruz Santiago
Editor de qualidade e estilo: Sônia Freire Lula Almeida
Tradução: Jurandy Bravo
Revisão de tradução: Andrea Filatro
Revisão de provas: Equipe Vida
Diagramação: Claudia Fatel Lino
Capa: Arte Peniel

1. edição: abr. 2012

Dados Internacionais de Catalogação na Publicação (CIP)
(Câmara Brasileira do Livro, SP, Brasil)

Cordeiro, Wayne

A igreja irresistível: características de uma igreja que arranca aplausos do céu / Wayne Cordeiro; prefácio por Bill Hybels; [tradução Jurandy Bravo]. — São Paulo: Editora Vida, 2012.

Título original: *The Irresistible Church*.
ISBN 978-85-383-0243-8

1. Frequência à Igreja 2. Igreja — Crescimento 3. Missão da Igreja 4. Renovação da Igreja I. Hybels, Bill. II. Título.

12-03975 CDD-254.5

Índices para catálogo sistemático:

1. Igreja : Desenvolvimento : Cristianismo 254.5

Este livro é dedicado a duas noivas:

Uma, a minha querida esposa, Anna, que há mais de 35 anos sempre me lembra de que só o amor transforma vidas — incluindo a minha.

A outra, a noiva de Cristo, a Igreja... Uma expressão de igreja particular, a New Hope de Oahu — rede de servos alegres e radiantes que corporifica a definição de graça e beleza nas ilhas do Havaí.

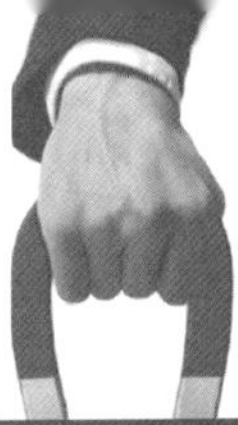

Sumário

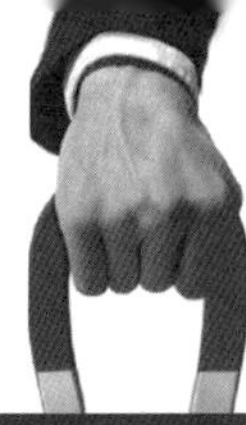

Prefácio

A visão do que uma igreja pode ser sempre me fascinou — uma comunidade autêntica de fé a alcançar quantidades cada vez maiores de perdidos, ajudando-os a crescer até se tornarem seguidores de Jesus Cristo plenamente dedicados.

No entanto, às vezes as igrejas não atingem todo o seu potencial. Esforçam-se ano após ano, entrincheiradas em programas e tradições, mas ineficazes em relação ao principal chamado recebido.

A minha esperança é que, pelo mundo afora, as igrejas façam ajustes regulares e estratégicos no sentido de encontrar e seguir o nosso verdadeiro chamado de alcançar pessoas com o Evangelho. Sempre que conseguirmos maior eficácia nessa tarefa, o esforço terá valido a pena.

Pense neste livro como uma ferramenta estratégica. A grande ideia aqui *não* é que precisamos reluzir para receber a bênção de Cristo, mas que ajustemos o curso para seguir-lhe os sussurros que nos conduzem. Queremos ser igrejas que as pessoas amem frequentar e que Deus use para propagar seu Reino. Queremos viver as palavras de 2Coríntios 5.9, como indivíduos e também como igrejas: "[...] temos o propósito de lhe agradar [...]".

Por que os conceitos apresentados neste livro são tão importantes? Quanto mais velho fico, mais consciente estou de que só tenho este dia, até que chegue o meu último dia, para difundir a palavra de Cristo a tantas pessoas quanto possível. Desde o dia em que me tornei cristão, numa colina de Wisconsin, aos 17 anos, quero que todo mundo que conheço experimente a graça salvadora encontrada em Jesus Cristo. Meu objetivo é livrar-me das atividades supérfluas da vida e levar a mensagem transformadora da graça salvadora a tantos quantos puder. À medida que os meus dias escasseiam, o meu senso de urgência pelo Reino cresce em vez de diminuir.

Creio que a igreja é a esperança para o mundo, por intermédio de Jesus Cristo. Nós, cristãos, não devemos pedir desculpas por querermos aprimorar-nos naquilo para o que fomos chamados. Devemos tratar com a maior seriedade a ajuda para as pessoas conhecerem Cristo e para os cristãos crescerem até centrarem a vida em Cristo.

Não importa se você é pastor, líder leigo ou se apenas frequenta a igreja. Este livro contém princípios comprovados que, uma vez aplicados, transformam-se em ideias revolucionárias para levar a sua igreja ao próximo nível de eficácia.

— Bill Hybels, pastor sênior

Willow Creek Community Church

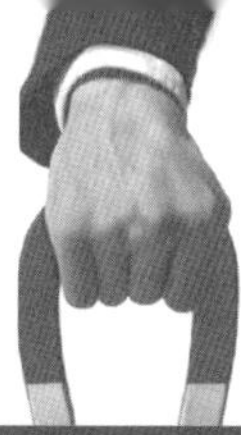

Introdução

PARA APROVEITAR ESTE LIVRO AO MÁXIMO

Irresistível. Já de início, definamos a palavra e como ela será usada no contexto deste livro. O irresistível fascina, atrai e é implacável em sua persuasão. Algo é irresistível quando não pode ser rejeitado. A palavra tem um incrível poder de atração. É um banquete pelo qual você não consegue passar sem experimentar o prato principal.

À primeira vista, o título deste livro dá a entender que a igreja pode tornar-se irresistível para as *pessoas.* Ao pôr em prática determinadas iniciativas, a igreja se torna irresistivelmente convidativa, e as pessoas não conseguem deixar de ser atraídas a ela. Não tenho dúvida de que é o que acontece quando as iniciativas expostas neste livro são seguidas. Se determinada igreja demonstra essas qualidades, as pessoas gritam "*Bis!*", pois querem continuar sem jamais parar.

No entanto, tornar-se uma igreja irresistível para as pessoas não é o tema principal deste livro. Na verdade, esse é o subproduto da premissa principal. Entenda por quê.

O livro trata, na verdade, de tornar a igreja irresistível para o *céu.*

O texto fala sobre uma igreja com a qual o céu não pode deixar de se envolver profundamente. Uma igreja que Deus não pode deixar de abençoar e usar para seus propósitos eternos. Uma igreja que leva os anjos a gritarem "*Bis!*".

Geralmente, tendemos a esquecer que a igreja local pertence a Jesus, não a nós. Ela é, ou melhor, *nós* somos, sua noiva, e, se nos adornarmos para ele, seus olhos permanecerão para sempre em nós. Esqueça isso, e começaremos a nos vender em troca de mais membros, em vez de nos posicionarmos diante da presença manifesta do Senhor.

Para a igreja, o sucesso pode incluir questões de mercado, instalações e programas, mas nada disso tem exclusividade para definir o seu êxito. O sucesso se deve mais ao que chamo de fator "*mão de Deus*". Há mais de trinta e seis anos (meu tempo de dedicação ao ministério pastoral), sou um aprendiz ávido desse fator. Ao longo do tempo, tenho visto a mão de Deus abençoar uma igreja de modo que ela viva um período favorável que persiste por décadas. Também já testemunhei outras vezes em que a mão de Deus esteve sobre um ministro nos primeiros anos e depois foi levantada. Observo esse tipo de coisa em várias igrejas. Nesse processo, coleto princípios que podem ajudar a nos mantermos posicionados para receber sua graça e corrigir as coisas quando sua mão parecer estar se levantando.

A igreja irresistível não é perfeita. Mas está o tempo todo tomando posição para agradar a Deus. É um povo que alinha cuidadosa e deliberadamente o coração com os princípios do Reino, de modo que Deus se agrade deles trabalhando de maneira irrestrita. O Senhor experimenta uma atração irresistível pela igreja em que cada atividade, plano e decisão de liderança manifestam seu coração com clareza.

O livro trata, na verdade, de tornar a igreja irresistível para o *céu*.

Entre outros, um versículo bíblico que alicerça tal premissa encontra-se em Tiago 4.8. Quando nos aproximamos de Deus, ele se aproxima de nós. Nessa passagem, Tiago argumenta conosco em favor do compromisso, da purificação e da contrição. Esses princípios, uma vez seguidos, contribuem para a harmonia e santidade em qualquer ajuntamento local. A retidão de Deus é estendida e imputada a nós devido à obra de Cristo na cruz, mas somos nós que decidimos quão perto chegaremos de Deus. Quanto mais perto, mais ele pode nos usar para sua glória. Nesse sentido, quanto mais perto nossas igrejas estiverem de Deus, mais irresistível se tornarão para o céu.

E essa pode ser a sua igreja.

Como é uma igreja irresistível?

Quando você imagina uma igreja irresistível, uma igreja que Deus ama abençoar e consegue usar de maneiras incríveis, o que passa por sua cabeça? É provável que venha à sua mente uma igreja mais ou menos assim:

- **Você cresce espiritualmente nessa igreja.** A igreja irresistível cumpre seu propósito. É uma concentração local que propicia educação espiritual fundamentada em princípios bíblicos que ajudam você e sua família a crescer na fé. Você confia no ensino da igreja. Consegue alinhar-se, sem reservas mentais, com a posição doutrinária adotada e firmar um compromisso total com ela. É também um lugar no qual você pode adorar a Deus em conjunto com outras pessoas. Ela oferece oportunidades para você encontrar outros cristãos e estabelecer amizades duradouras e autênticas.
- **Você testemunha um forte senso de missão.** Na igreja irresistível, os frutos são visíveis: há conversões consistentes, vidas são transformadas, casamentos são restaurados e novos líderes são levantados.
- **Você anseia ir a essa igreja toda semana.** Dizendo de maneira bem simples, você não vê a hora de fazer parte de suas funções. Se perder uma semana, você se sente desapontado, não aliviado. O seu desejo é de se envolver, pois você sabe que coisas boas acontecem dentro e em volta de uma igreja irresistível.
- **Você quer investir nessa igreja no longo prazo.** Com uma igreja irresistível, você não sente compulsão de sair "à caça" de uma igreja diferente. Há um forte sentimento de satisfação quando você se une à igreja local de que participa. Não existe vontade de ir embora.
- **Você conta aos outros sobre essa igreja.** Você se sente confortável, ansioso até, ao falar sobre uma igreja irresistível para os outros —

cristãos e não cristãos. Você experimenta um sentimento de orgulho sadio da sua igreja. Convida pessoas para frequentá-la e não se preocupa com o que acontecerá quando elas a visitarem pela primeira vez.

- **Você relaxa nessa igreja, sabendo que ela é um modelo de crescimento, não de perfeição.** Você não espera nem exige perfeição de uma igreja irresistível. Falhas acontecem, mas as pessoas da igreja assumem os próprios erros, aprendem com eles e crescem. A igreja irresistível é modelo de graça e aceitação. As pessoas não precisam ter determinada aparência ou agir de determinada maneira para fazerem parte do grupo. Você é paciente com as pessoas e elas com você, e um dos lemas não declarados da igreja é "Estamos juntos nessa!".
- **Você é desafiado a uma proveitosa transformação nessa igreja.** Você vai embora diferente de quando chegou. A igreja irresistível educa, motiva e lhe confere poder para enfrentar a vida com novas ferramentas a cada semana. Você se sente inspirado a viver de outra maneira depois de ouvir o que ouviu. E, como o par de viajantes mencionado em Lucas 24.32, você vai embora dizendo: "Não estava queimando o nosso coração, enquanto ele nos falava no caminho e nos expunha as Escrituras?".

Qualquer igreja pode ser irresistível

Os itens anteriores descrevem a sua igreja? Em caso positivo, que bom. Este livro ajudará a fortalecer o que você já conhece e a desenvolver e articular os critérios corretos para avaliar a efetividade de sua igreja. Então você poderá ajudá-la a mapear seu curso para os próximos anos.

No entanto, se os itens acima não refletem a sua igreja, mas apenas descrevem uma igreja com a qual você só consegue sonhar e anseia frequentar, então aproxime-se: tenho um segredo para contar. A sua igreja PODE tornar-se *irresistível.*

Nas páginas seguintes, examinaremos 12 características de igrejas com as quais Deus está bastante satisfeito e, por conseguinte, das quais as pessoas anseiam participar. Elas sempre se sentirão atraídas por lugares cujo povo está ativamente envolvido com Deus.

Conta-se a história de um viajante que ouviu falar sobre um reavivamento que estava transformando o País de Gales (1904-1906). Habitantes de países distantes começaram a acorrer à cidadezinha de Loughor. Quando o trem parou, o viajante curioso perguntou a um operário: "O que faço para chegar à igreja em que Evan Roberts está pregando, aquela em que está acontecendo um reavivamento?". O homem respondeu: "É só começar a andar, senhor, e a presença de Deus o levará até lá".

Existe algo de irresistível na presença e atividade genuínas de Deus. Ninguém precisa *nos* ver, mas todo o mundo tem a necessidade desesperada de ver Jesus.

Todas as características mencionadas neste livro são transferíveis. Use o guia de estudo ao final do volume. Exponha essas características a seu pequeno grupo. Discuta e processe cada pergunta até sentir que ela é sua.

Você tem o poder de ajudar a criar a igreja irresistível da qual anseia fazer parte.

Lembre-se de que essas qualidades podem ser desenvolvidas em *qualquer* igreja. A boa notícia é que *você* tem o poder de ajudar a criar a igreja irresistível da qual anseia fazer parte. Esse é o segredo que examinaremos ao longo do livro.

Uma igreja é muito mais que um prédio. É feita de vidas individuais e, em sentido coletivo, constituímos o que a Bíblia chama de Igreja — a noiva de Cristo. Quanto mais crescemos no sentido de sermos como Cristo, mais nos comprometemos com seus propósitos e mais nos envolvemos em sua missão. Temos o poder de criar igrejas irresistíveis, porque *nós* somos a igreja.

Talvez você tenha acabado de ler as linhas acima com certo tremor. Está pensando: *Tudo isso pode ser muito bom. Fico contente por poder ajudar minha igreja a seguir numa direção sadia. Mas sou só um. O que alguém sozinho pode fazer?*

Boa pergunta que pode ser respondida de duas maneiras.

1. Você tem mais influência na sua igreja do que talvez imagine. Mesmo que você não ocupe um papel de liderança formal, importa-se demais com o que acontece. Você é uma pessoa que ora, e a oração transforma as coisas. Ou, então, você ocupa um papel de liderança, mas relativamente simples. Você lidera um pequeno grupo ou ajuda a liderar um grupo de estudo bíblico. Ou talvez seu papel na liderança seja maior. Você é pastor, presbítero ou membro do conselho. Não importa a sua posição; comece por sua área de competência. Tudo bem começar por baixo. Pegue os princípios delineados neste livro e converse sobre eles com pessoas dentro da sua esfera de influência, qualquer que seja o tamanho dela. Você se surpreenderá ao ver como as 12 características incendiarão aqueles com os quais interagir.
2. Temos a responsabilidade, tanto individual quanto coletiva, de desenvolver as igrejas das quais participamos. Incentivo os indivíduos a se unirem e estudarem os princípios contidos neste livro. Sim, é saudável alguém estudá-lo sozinho para, então, cumprir os passos propostos para desenvolver as características na igreja local. Imagine, porém, as possibilidades de crescimento e renovação espiritual que poderiam advir se um pequeno grupo decidisse assumir a responsabilidade de se tornar uma igreja irresistível. Ou, indo mais longe ainda, o que aconteceria se uma congregação inteira pusesse em prática os princípios delineados neste livro e, em seguida, assumisse o compromisso de se tornar uma igreja irresistível?

Com esse objetivo, vários componentes úteis foram introduzidos neste livro. Cada capítulo se concentra numa das 12 características, e você pode trabalhar todo o material num trimestre, ao ritmo de um capítulo por semana.

Há um guia de estudos no final do livro, com questões para reflexão pessoal ou para discussão em pequenos grupos. O texto também traz trechos bíblicos que ajudarão você a analisar e aplicar as características em maior profundidade. O livro foi desenhado tendo você em mente. Estude-o. Aplique-o. Ponha as características em prática. E, então, colha as recompensas.

Do ponto A para o ponto B

Já participei de encontros de líderes, principalmente no início do meu ministério pastoral, que eu consideraria, olhando para trás, exagerados em termos de autocongratulação. Ansiávamos por incentivo mútuo. Imagino que isso acontecia porque, nesses encontros, elogiávamos qualquer que fosse a atividade que se desenrolasse; equiparávamos atividade a ministério. Como igreja, vivíamos ocupados em nome de Jesus, e igualávamos estar *ocupados* com ser *bem-sucedidos*. Louvávamos o mediano porque pessoas boas tinham coordenado a atividade e não queríamos ferir os sentimentos de ninguém. Batíamos nas costas uns dos outros por termos trabalhado duro, por queimarmos a vela pelas duas extremidades, embora o nosso ritmo fosse insustentável, e às vezes até prejudicial. No ímpeto por nos tornarmos influentes na comunidade, ficávamos felizes sempre que alcançávamos bons números em qualquer evento. Contudo, não fazíamos as perguntas mais importantes sobre impacto espiritual, se vidas haviam sido transformadas e se a presença de Deus estava mesmo em nosso meio.

O desenvolvimento dessas características na igreja requer autoavaliação sincera — e isso nem sempre é fácil.

As 12 características esboçadas neste livro apresentam um retrato daquilo em que qualquer igreja pode transformar-se. São realistas e acessíveis em escopo e praticabilidade. Devo salientar, porém, que o desenvolvimento dessas características na igreja requer autoavaliação sincera — e isso nem sempre é fácil. Pense neste livro como um grande mapa desenhado no chão da entrada de um *shopping center*. Uma seta vermelha em cima dele indica "*Você está aqui*".

Aonde você quer ir fica a alguma distância de onde está agora — isso é inevitável. O livro ajudará você a percorrer esse trajeto, a desenvolver e articular os critérios para avaliar a sua igreja com sinceridade — não com o intuito de criticá-la, mas sim de atravessar os corredores do *shopping* na direção em que anseia percorrer. Sim, o processo requer sinceridade. E, sim, envolve perguntas difíceis de responder. Digo isso logo de início apenas para prepará-lo. Coragem! Você consegue.

Caso uma igreja não veja suas características esboçadas neste livro, como passará do ponto A para o ponto B? É só uma questão de vontade? Ou existe algo mais envolvido?

As duas coisas.

A mudança deve ser capacitada pelo Espírito Santo, pois não é o ser humano o responsável pela verdadeira transformação. O Espírito a conduz e fornece poder para produzi-la. No entanto, também devemos comprometer-nos de tal maneira que o Espírito Santo se deleite em trabalhar por nosso intermédio. Temos de nos inclinar na direção para a qual estamos orando. Encha-se de expectativas ao ler este livro. Então prepare-se para coisas boas. Prepare-se para entrar em ação — porque o livro fornece mais do que apenas boa informação.

A boa informação, quando deixada de lado, tem o hábito nefasto de entrar na cabeça da pessoa apenas para lhe propiciar conhecimento. Se não for usada, fica estagnada. Às vezes, não nos atrai o esforço de aprender, pois só queremos mais conhecimento para que nos considerem instruídos. Todavia, devemos ir além das boas intenções. Este livro tem um objetivo maior do que apenas inspirar pessoas. Não há nada de errado nisso. Quem lê um livro e vive um momento "*Eureca*!", sente a alma se agitar e o coração aquecer — coisas com frequência necessárias. Espero, contudo, levá-lo além da inspiração. Há um passo a mais que você precisa dar.

Oro por uma *propensão para agir*.

A ideia deve entrar na cabeça da pessoa sob a forma de conhecimento, descer a seu coração como inspiração e, em seguida, atingir-lhe os pés, fluir por seus dedos e fazer que as pernas se movam! Esse é o momento em que acontece a mudança duradoura. Quando uma boa ideia ganha sapatos de couro, passa-se de fariseu a discípulo. Começamos a caminhar em direção a essa boa ideia, acrescentando-lhe valor. Eis a realização que espero para este livro e pela qual oro.

> Quando uma ideia entra em sua cabeça, isso se chama *informação*.
>
> Quando ela toca seu coração, isso se chama *inspiração*.
>
> Mas quando ela alcança seus dedos e unhas, isso se chama *encarnação*.

Por favor, observe que este livro *não* é uma planta baixa desenhada para edificar todas as igrejas, de modo que elas sejam idênticas umas às outras. Não quero nunca que as pessoas olhem para a New Hope em Oahu, onde sou pastor sênior, e tentem impor sobre suas igrejas tudo o que fazemos. Isso cria igrejas locais artificiais, além de muita frustração.

Em vez disso, convido você e sua igreja a discernirem as verdades esboçadas neste livro para, então, aplicá-las na sua região e na sua população específicas. Crie a igreja irresistível que se ajusta a você e à tarefa que Deus atribuiu. Ajuste as características esboçadas no livro de modo que se tornem os valores da sua igreja. Valor é aquilo em que pessoas (e organizações) investem energia, atenção, tempo, talentos, dinheiro e equipes. Eis o convite — fazer que essas características sejam suas. Talvez você desenvolva uma característica saudável que não foi delineada neste livro. Ótimo. Estas 12 compõem uma lista excelente, que dá certo, como já se comprovou. Não é exaustiva, entretanto. Sinta-se livre para adaptá-la de modo a torná-la sua.

Crie a igreja irresistível que se ajusta a você
e à tarefa que Deus atribuiu.

O DNA da mudança

Nesta introdução, falamos muito em quanto a mudança é necessária — como as igrejas comuns podem tornar-se irresistíveis por meio do processo de transformação. E é verdade: a palavra *mudança* assusta as pessoas. Todo mundo resiste a mudanças por uma reação natural. Raras vezes ela acontece com facilidade. O fato é que não se percorre o caminho para uma igreja se tornar irresistível sem esforço, e até mesmo certo desconforto. No entanto, quando andamos de verdade com Cristo, ele nos convida à mudança sadia. Faz parte do processo transformador que precisamos incorporar à nossa experiência cotidiana.

Os japoneses têm uma palavra exclusiva para esse estilo de vida de mudança: *kaizen*. Significa "mudança que leva ao aperfeiçoamento constante". Excelência não é algo que atingimos uma vez para depois deixar o barco ao sabor da corrente. Exige desenvolvimento permanente. As nossas igrejas precisam de mais *kaizen*. Aí sim, a mudança para o bem torna-se uma parte consistente de quem somos. Adaptamo-nos. Crescemos. Alcançamos novas pessoas de novas maneiras. Em 2Coríntios 3.18 temos a descrição de como estamos "[...] sendo transformados com glória cada vez maior [...]". Essa transformação faz parte do processo *kaizen*. A igreja deve render-se a Deus, permitindo que ele a conduza o tempo todo rumo ao seu melhor.

A vida bem administrada

Convido você a ler este livro com confiança. Ele é fruto de mais de trinta anos estudando, aprimorando e aplicando essas características. Implantamos mais de 110 igrejas em nossas três décadas de existência, o que levará você a supor que os nossos erros superam em muito os nossos troféus e as nossas honrarias! Tivemos a nossa cota de desafios. Mas a questão é justamente essa. Um antigo provérbio inglês diz: "Um mar calmo não torna um marinheiro habilidoso". A nossa igreja velejou por mares tempestuosos no passado e sobreviveu a essas águas agitadas. Usando outra metáfora, a poeira dos cereais foi soprada ao vento e este livro contém os grãos que restaram de tudo o que aprendemos ao longo do caminho.

Aqui está a melhor parte: testemunhamos a decisão por Cristo de mais de 83 mil pessoas nas últimas duas décadas!

Preciso deixar claríssimo outro detalhe logo de início: tornar-se uma igreja irresistível não tem nada a ver com tornar-se uma igreja numericamente grande. Não estou tentando levar a sua igreja a crescer em quantidade de membros. Bênção nem sempre tem a ver com números. No fundo, tem a ver com impacto espiritual. Tenho visto igrejas pequenas tornando-se irresistíveis e causando tremendo impacto espiritual. Tenho visto igrejas grandes que não fazem nada a não ser aumentar seus números com muita propaganda enganosa e uma quantidade infindável de atividades. E, entre uma coisa e outra, tenho visto de tudo.

Bênção nem sempre tem a ver com números.
No fundo, tem a ver com impacto espiritual.

Permita-me reiterar a essência deste livro. As características analisadas aqui não são os requisitos básicos para tornar a sua igreja irresistível aos visitantes. Isso será consequência. O verdadeiro convite deste livro é para *a igreja tornar-se irresistível aos céus*. Ou seja, passar a ser uma igreja com a qual os céus não podem deixar de se envolver, nem deixar de apoiar um ministério destacado. Você encontrará muitas ideias para otimizar o tratamento que dispensamos às pessoas e para aumentar a frequência dos membros, mas o princípio imutável é posicionar intencionalmente o nosso coração e a nossa vida para permanecerem na presença de Deus.

O fator crucial para florescermos sob a abençoadora mão do Senhor é a fidelidade. Tem a ver com conhecer a vontade de Deus e, então, praticá-la. Não importa o tamanho, a idade, a localização, a denominação ou a história da sua igreja. Todas são convidadas a serem fiéis à vontade de Deus. Cada uma delas é capaz de percorrer os caminhos do seu mandamento, pois ele nos libertou o coração (v. Salmos 119.32, *Almeida Revista e Corrigida*).

A notícia é boa tanto para você quanto para mim. Porque — sejamos sinceros — nunca houve necessidade maior de mais igrejas cumprirem seu papel do que agora. Temos cerca de 370 mil delas nos Estados Unidos e gastamos algo em torno de 75 bilhões de dólares em produtos destinados às igrejas.

Contudo, o impacto espiritual sobre as nossas cidades costuma ser insignificante. Nesta última temporada, só no Estado do Havaí, tivemos de devolver 2 mil condenados à comunidade por falta de espaço em nossas cadeias. As pessoas culpam a ausência do dinheiro coletado sob a forma de impostos, a disseminação das drogas e o colapso da família. Na minha opinião, deveriam culpar a igreja, ao menos em parte. Não estamos cumprindo o nosso dever de impactar a sociedade como deveríamos.

Há esperança. É possível cultivar igrejas irresistíveis. Elas são campeãs em conduzir pessoas mais para perto de Deus, servindo de canais para o Espírito Santo transformar vidas e impactar a sociedade para o bem. Quando descobrimos quem somos, e nos determinamos a fazer o que Deus pede que façamos e sejamos, não precisamos ir muito longe para encontrar Cristo e viver por ele. Os nossos dias não são desperdiçados em coisas erradas. A nossa vida é bem administrada.

Essa é a promessa deste livro. A questão da igreja irresistível não se resume a ver os membros frequentando o templo toda semana. É vê-los frequentando a igreja, preparando-se e, então, saindo para levar uma vida cheia de propósito para Deus. A igreja deve ser o lugar em que os discípulos se reúnem — e depois *se dispersam*. Santo Agostinho disse: "O principal objetivo do homem é glorificar a Deus e deleitar-se nele para sempre". O convite apresentado nestas páginas quer permitir que nossa vida faça diferença naquilo que realmente tem importância. Levar uma vida bem administrada é nossa responsabilidade e oportunidade. Podemos criar igrejas irresistíveis, que ajudam a mudar o mundo. A solução começa conosco, porque *nós* somos a igreja.

Igrejas irresistíveis são campeãs em conduzir pessoas para mais perto de Deus, servindo de canais para o Espírito Santo transformar vidas e impactar a sociedade para o bem.

Se você sente vontade de se envolver com o que estou dizendo, eu o convido a continuar a leitura.

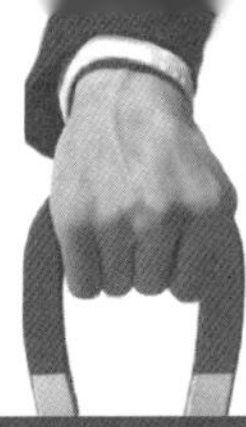

Característica 1

A IGREJA IRRESISTÍVEL TEM FOME DA PRESENÇA DE DEUS

Anos atrás, fomos notificados de que o auditório do colégio que costumávamos usar para os cultos da New Hope em Oahu não estaria disponível durante um fim de semana de fevereiro. A escola que o alugava para nós era muito atenciosa e enviava notificações desse tipo com antecedência, mas em geral elas chegavam de seis a oito meses antes. Pródigos em pedidos de desculpas, os administradores da escola nos entregaram o memorando. Dessa vez, precisávamos sair em *seis semanas*.

De repente, éramos confrontados pela imensa tarefa de achar outro lugar para os cultos de fim de semana. Começamos a bater nas portas. Tentamos o estádio local Aloha, a universidade, salas da administração pública, qualquer lugar grande o suficiente para comportar 10 mil pessoas. Mas nada estava disponível; nada... Exceto a nossa última opção — um parque a céu aberto. O problema eram as condições atmosféricas havaianas. Elas são imprevisíveis e, geralmente, não cooperam muito nos meses de primavera. Um dia temos céu azul; no dia seguinte, chove torrencialmente. Não havia outra escolha, de modo que reservamos o parque e demos início a um programa de oração emergencial para convencer Deus a manter o céu sempre azul... Pelo menos no final de semana.

À medida que a hora se aproximava, fizemos nossos preparativos. Alugamos um sistema de som impressionante de tão grande, centenas de luzes e quantidades copiosas de equipamento de palco. O plano era realizar três cultos em vez dos cinco regulares — um no sábado à noite e dois na manhã de domingo. A tenda para proteger o palco se parecia com um gigantesco hangar de aviões. Outra tenda, suficiente para abrigar por volta de mil pessoas, foi erigida para proteger pelo menos parte da plateia caso chovesse. Não havia nenhuma outra tenda disponível para alugar, de modo que quem comparecesse à igreja naquele fim de semana precisaria sentar-se, caso tudo desse certo, sob uma cobertura de estrelas no culto noturno e sob um céu muito azul nos cultos matutinos.

O fim de semana chegou sem que as condições atmosféricas se mostrassem promissoras. Quando o primeiro culto começou, às 18h do sábado, uma leve garoa nublou os céus, mas permanecemos firmes. O culto terminou com a maioria de nós molhada, mas bem disposta. Antes de me recolher naquela noite, achei aconselhável reunir-me com o mestre maior das condições climáticas e deixar registradas as minhas preocupações. Comecei com uma súplica bastante respeitosa: "Deus, o Senhor sabe como tenho sido fiel no teu serviço esses anos todos. Não pedi vida longa nem a vida dos meus inimigos. (Quando falo sério, tendo a usar a linguagem de 1611, quando a versão King James da Bíblia foi escrita.) Por isso, eu te rogo pelo brilho do sol sobre teu amado povo que deverá reunir-se pela manhã, para que possamos louvar-te... secos".

Satisfeito com meu pedido e meu domínio da linguagem bíblica, entreguei-me ao sono. Na manhã seguinte, todavia, fui despertado pelo som de copiosa chuva. Mais que depressa, tornei a me ajoelhar e, dessa vez, apenas disse: "Caro Deus. Não aceitamos isso! Fecha a torneira..., por favor!".

Reunindo toda a confiança que pude, fui para o carro sem o meu guarda-chuva, acreditando com devota segurança que, na hora em que eu chegasse ao parque, a chuva pararia. Descendo a rua com o carro, gotas de chuva atacaram o meu para-brisa. Sem me deixar abater, recusei-me a ligar o limpador, pela fé, acreditando que o céu clarearia logo mais. Tudo o que consegui foi uma grande dificuldade para enxergar a rua! Chegando ao parque, a parte do culto dedicada à adoração já começara. Como uma esponja saturada, um punhado espremido de seguidores fiéis cantava sob a chuva. Juntei-me a eles.

A nossa postura exterior podia ser idêntica, mas aposto que o conteúdo do nosso coração não era. De mãos estendidas, elevei aos céus não os hinos que cantava, mas protestos silenciosos: "Deus", objetei, "posso lembrar-te novamente de quanto tempo te venho servindo? Peço um favor... Um favor insignificante! E o que recebo? Não acredito nisso".

> "Você está mais preocupado com a ausência da chuva do que com a presença de Deus."

Lembro-me da voz de Deus ao responder. Não irada, mas firme. Não sei se mais alguém a ouviu; para mim, ela rasgou os céus: "Você está mais preocupado com a ausência da chuva do que com a presença de Deus".

Foi só o que captei. Tudo parou — pelo menos, foi o que me pareceu. A música silenciou. As engrenagens do tempo rangeram até se imobilizarem. Deus tinha razão. Sem a sua presença, um céu ensolarado equivaleria a apenas isso — um dia ensolarado. No entanto, com a sua presença, até uma manhã chuvosa poderia ser o começo de um avivamento capaz de transformar as ilhas havaianas.

A pequena mensagem que creio ter vindo de Deus repercutiu dentro de mim. Eu sabia que estava mais interessado na ausência de problemas do que na presença de Deus. Lembro-me de clamar por sua presença. À luz dessa perspectiva, a minha preocupação com a chuva foi ofuscada. Continuamos o culto e meu coração renovou-se pela presença manifesta do Senhor. No final daquele período juntos, o céu se abrira e um lindo sol banhava o povo de Deus, confirmando a sua presença de maneira muito clara.

Mais de Deus

A primeira característica da igreja irresistível, a qual Deus ama abençoar, é a fome da presença do Senhor. Isso pode soar estranho a princípio, considerando o ensinamento das Escrituras sobre a onipresença de Deus.

Ele é espírito; não tem forma física. Está presente em toda a parte do Universo, e tudo está em sua presença. Mateus 18.20, por exemplo, diz: "Pois onde se reunirem dois ou três em meu nome, ali eu estou no meio deles". Deus declara em Jeremias 23.24: "[...] Não sou eu aquele que enche os céus e a terra? [...]". Para ele, não há nada oculto, e nada escapa à sua observação.

No entanto, quando falamos em ter fome da presença de Deus, a definição do conceito inclui no mínimo três componentes vitais. Primeiro, trata-se de uma percepção maior da presença de Deus. Ele já está aqui, mas queremos perceber mais sua presença. Queremos estar mais atentos. Queremos maior consciência dele em nosso meio. Deus promete que, ao nos aproximarmos, ele também se aproxima de nós (Tiago 4.8), e as Escrituras indicam que experimentaremos sua presença em medidas crescentes quando sentirmos fome dele.

Segundo, ao sentirmos fome da presença de Deus, ansiamos ser cheios da plena medida do seu Espírito Santo. Embora a presença do Espírito no cristão seja constante, Efésios 5.18-20 indica que a nossa experiência pode variar de acordo com o grau do seu poder operando em nossa vida. Somos cheios do Espírito quando Deus ocupa cada parte de nossa vida, quando tem permissão para operar em nós tudo o que se propôs a realizar. Assim, ele nos guia e nos controla. Manifesta seu poder por nosso intermédio e se revela nos frutos do Espírito: amor, alegria, paz, paciência, bondade. (V. Gálatas 5.22,23.)

Terceiro, quando falamos em ter fome da presença de Deus, podemos incluir a demanda de unção especial para determinada tarefa num momento específico. Chamamos isso de presença manifesta de Deus. Consiste no aumento claro, até visível, da operação de Deus em determinada situação, acontecimento ou vida. Por exemplo, um derramamento especial do poder de Deus pode fluir por meio de uma reunião, ou tocar a vida de pessoas de determinada maneira, ou evidenciar-se de modo particular numa época específica de avivamento. Salmos 145.18 nos oferece um vislumbre dessa presença: "O SENHOR está perto de todos os que o invocam, de todos os que o invocam com sinceridade".

A igreja irresistível anseia pela presença de Deus mais do que qualquer coisa.

Como advertência, precisamos ser cuidadosos sempre que discutimos a presença manifesta de Deus, porque as pessoas às vezes usam mal ou mesmo abusam desse privilégio, buscando experiências espirituais excessivamente emocionais, falsas, e até mesmo perigosas ou fanáticas. Dizendo de forma bem simples, toda experiência que acontece sob o título de busca da presença manifesta de Deus precisa estar sempre alinhada com a vontade de Deus revelada nas Escrituras. A presença manifesta de Deus sempre honrará a pessoa de Jesus Cristo e resultará em maior ódio ao pecado e maior amor à justiça. Jamais contradirá qualquer verdade previamente revelada na Bíblia.

Levando todos os três componentes em consideração, buscar a presença de Deus é da maior importância em nossas igrejas. Um homem gracejou: "Você poderia tirar o Espírito Santo de metade das igrejas nos Estados Unidos e elas seguiriam em frente como se nada tivesse acontecido".

Uma realidade repugnante, ainda mais nos últimos tempos. A igreja irresistível anseia a presença de Deus mais do que qualquer coisa — mais que instalações espaçosas, programas de vanguarda, aumento de frequência, grandes orçamentos ou dias sem chuva.

A oração de Abraham Lincoln

Gosto de lembrar-me do significado essencial de buscar a presença de Deus com a seguinte história: Além de grande presidente, Abraham Lincoln também foi um homem de Deus. A maioria dos oradores cristãos, antes de subir à plataforma, deve orar: "Sem ti, Senhor, fracassarei". Abraham Lincoln, no entanto, orava: "Sem ti, Senhor... *preciso* fracassar".[1]

1 Bryan, William Jennins (Editor responsável); Halsey, Francis W. (Ed.). **The World's Famous Orations**. New York: Funk and Wagnalls. Vol. IX.

Entendeu a diferença? A oração do presidente Lincoln era perigosa. Mas também profundamente sincera, corajosa e poderosa. Ele sabia que as pessoas — por pura força de vontade — são capazes de reunir grandes recursos humanos a fim de levar a cabo grandes atividades. Sabia que eram capazes de criar programas impressionantes, pôr em prática iniciativas respeitáveis e manter ímpetos positivos.

Todavia, o presidente Lincoln queria mais do que algo feito pelo ser humano. Algo de inegável origem e implementação divinas. Ele não pretendia ser bem-sucedido a menos que Deus estivesse na raiz de suas iniciativas. Se Deus não estivesse no centro da sua missão, preferia que essa missão nem existisse, muito menos prosperasse.

As igrejas, por serem ambientes espirituais, com frequência, não estão dispostas a reconhecer a ausência de Deus.

Que a oração do presidente Lincoln — *Sem ti, Senhor... precisamos fracassar* — seja também a oração das nossas igrejas.

Se a presença de Deus não é sentida em determinada igreja, o que pode ser feito? Deixe-me sugerir três ações que a igreja pode implementar para mudar essa tendência.

1. **Reconheça o vazio.** Esta é uma primeira ação importante, porque as igrejas, por serem ambientes espirituais, com frequência, não estão dispostas a reconhecer a ausência de Deus. No entanto, será raro vê-las agir em direção a algo melhor, a menos que se convençam dessa necessidade. Faça uma avaliação mental rápida da atmosfera atual da sua igreja. Até que ponto qualquer um dos sintomas de vazio a seguir reflete a situação em que ela se encontra?

   Sem frutos. Neste caso, as características da igreja incluem falta de amor, alegria, paz, paciência, bondade, fidelidade, mansidão e domínio próprio. De igual modo, há pouco impacto espiritual. Muito tempo já se passou desde que a igreja viu uma pessoa se entregar a Jesus ou ser batizada.

Sem a Palavra. As pessoas não estão lendo a Bíblia, a Palavra de Deus. Pouca ênfase é dada à Palavra nas mensagens semanais. Os membros não realizam práticas bíblicas, nem baseiam a vida nos princípios e leis encontrados na Palavra de Deus.

Sem cuidado. As disciplinas espirituais dentro da igreja têm-se ocupado mais com a rotina do que com o relacionamento. Vê-se pouco entusiasmo nas questões espirituais.

Sem visão. As pessoas parecem mais interessadas na logística administrativa da igreja do que no impacto espiritual causado por ela. A discussão sobre a cor do carpete e outros assuntos similares sobrepuja a preocupação concernente a onde as almas passarão a eternidade.

Sem missão. Há mais interesse em levar as pessoas para dentro da igreja do que em prepará-las para o serviço, de modo que possam ser enviadas.

Sem números. Dá-se ênfase equivocada à contagem de centavos e cabeças, em vez de a salvações e batismos. Ou então, a igreja fracassa por não ver o quadro geral das vidas transformadas. (Parte desse impacto, por irônico que pareça, jamais pode ser contabilizado por completo.)

Sem propósito. As pessoas se preocupam em como os outros veem a igreja, em vez de pensar em até que ponto essa igreja está sendo obediente a Cristo. Dá-se mais valor ao desempenho e à imagem que ao coração, à fidelidade e à obediência. A igreja usa fitas métricas diferentes das usadas por Deus.

2. **Preencha o vazio com o que é certo.** A segunda ação a implementar na busca pela presença de Deus tem a ver com levar os indivíduos dentro da igreja a sincronizarem o coração com o céu. A ideia é simples:

pense em sincronizar um coração com o céu da mesma maneira que sincronizamos uma agenda com um *laptop*. A partir do momento em que os dois estão em sincronia, há um acordo entre eles. Assim propensos, plugamos com regularidade nosso coração ao coração do céu, a fim de ver o que Deus vê. Valorizamos o que Deus valoriza. O que quer que toque o coração de Deus, toca também o nosso. Oramos, trabalhamos e nos inclinamos para reverter todos os itens da lista anterior de vazios.

As palavras de John Wesley não me saem do coração há um bom tempo. Ele declarou: "Valorizo todas as coisas apenas pelo preço que haverão de adquirir na eternidade".[2] O que o céu valoriza, além da Palavra de Deus e das pessoas? Por exemplo, talvez pensemos que determinado relacionamento forçado não tem grande significado aqui. Mas ele significa muito no céu. Ou um pequeno tesouro talvez tenha valor considerável aqui, mas nenhum no céu. Quando preenchemos o vazio com o que é justo, valorizamos as coisas apenas pelo preço que haverão de adquirir na eternidade.

3. **Exiba intencionalmente sinais de fé visíveis.** Talvez esta ação pareça estranha na hora de buscarmos a presença de Deus, mas descobri que é bastante útil. Com certeza os sinais de fé visíveis partem do coração, e sempre precisamos tratar das questões do coração como sendo da maior importância. Todavia, a fé sempre seguirá a ação quando esta se fizer visível primeiro. Por conseguinte, recomendo às igrejas que decorem seu interior com cenários dos valores celestiais. Ou seja, usem tijolos e argamassa físicos da melhor maneira possível para promover a mensagem. Por exemplo, quando queremos mover-nos em direção à presença de Deus, é muito útil deixar a declaração de missão da igreja onde todos possam vê-la — nas paredes, em papéis timbrados, em *sites* da Internet. Mantenha a verdadeira função da igreja visível em lugares

[2] Apud ALCORN, Randy C. **The Law of Rewards:** Giving What You Can't Keep to Gain What You Can't Lose. Carol Stream, IL: Tyndale House, 2003. p. 18.

onde todos possam lembrar-se dela. Hebreus 2.1 diz para prestarmos maior atenção no que temos ouvido, a fim de que não nos desviemos. Temos a tendência natural de desviar-nos da missão. Não estamos propensos a desenvolver estratégias para alcançá-la. O coração humano tende para a entropia, o egoísmo ou os interesses mundanos. Assim, precisamos pintar nosso ambiente com as cores do céu, ajudando a alinhar o nosso coração com o céu e uns com os outros.

Quando o céu se cala

Como reconhecemos a presença de Deus em nosso meio? Sem dúvida, a experiência sempre estará alinhada com as Escrituras. Mas não sei qual será a opção específica de Deus para se revelar na igreja em que você congrega, quando buscarem maior percepção do Senhor. Contudo, sei que alguma coisa sempre acontece em honra a Deus quando temos fome dele.

Uma vez, por exemplo, fui convidado para falar numa pequena igreja no interior. O templo abrigava cerca de 80 pessoas. Antes da mensagem, três rapazes, talvez de 19 a 21 anos, conduziram-nos num tempo de adoração. A congregação cantou basicamente hinos: "Maravilhosa graça" e "Ao teu lado quero andar". Cantaram bem alto, com grande gosto. Todavia, por mais alto que cantassem, eu conseguia distinguir a voz dos três rapazes acima da dos demais. Coração eles tinham; cantores, não eram. Devo confessar que me senti tentado a tapar os ouvidos com os dedos — era o tipo de desafinamento capaz de encolher qualquer coração. Comecei a conversar com Deus sobre o assunto, reclamando, na verdade, com a esperança de que os rapazes logo me libertassem da agonia. Nesse momento o Senhor, em tom gracioso, porém censurador, disse: "Silenciei o céu inteiro a fim de ouvi-los e testemunhar a fome que sentem da minha presença. Sugiro a você que faça o mesmo".

Alguma coisa sempre acontece em honra a Deus quando temos fome dele.

Sou reservado ante a possibilidade de exagerar no drama, razão pela qual hesito em compartilhar outra experiência. O fato é que oramos pela presença de Deus em vários finais de semana na New Hope em Oahu, e uma espécie de névoa surge e paira dentro do auditório quando a Palavra de Deus é pregada.

Um fenômeno estranho, que não sei explicar muito bem. A primeira vez que o observei, tive de piscar para ter certeza de que não eram minhas lentes de contato embaçando. A névoa se repetiu diversas vezes — e não, eu não o atribuo a um fenômeno natural que acontece porque o ar oceânico do Havaí entra em conjunção com corpos quentes no interior de um santuário. A névoa é diferente da que encheria o banheiro após um banho com muito vapor, ou da que se eleva do asfalto quente da estrada após o temporal. Sei, sem sombra de dúvida, que a presença de Deus está naquela névoa.

Nunca escrevi ou falei em público a esse respeito e, para ser franco, não dou tanto valor assim ao assunto. Não quero que as pessoas enlouqueçam e comecem a buscar a névoa em vez de Deus. Não enfatizamos as manifestações externas da glória do Senhor. O alvo é sempre o evangelho, ver corações e vidas transformados devido à obra que Cristo tem realizado na cruz. Portanto, quando vejo a névoa, não chamo a atenção das pessoas para ela. Limito-me a prosseguir com a mensagem bíblica, desfrutando um senso mais entusiasmado da gentil presença de Deus. Com toda a calma, lembro a mim mesmo das palavras de Sofonias: "Seu Eterno está presente entre vocês [...]. Ele irá acalmá-la com seu amor e alegrá-la com suas belas canções" (3.17, *A Mensagem*).

Por falar em temperatura e presença de Deus, em vinte e seis anos batizando pessoas no Havaí, incluindo onze anos na cidade portuária de Hilo, a mais chuvosa do Estado, quase sempre chove no dia em que agendamos os batismos. Desde o início da New Hope em Oahu, batizamos mais de 16 mil pessoas na praia local de Ala Moana, e batizar pessoas a céu aberto quando está chovendo tende a criar problemas de logística — não para quem será batizado, pois ele se molhará de qualquer forma —, mas para quem vai assistir à cerimônia.

No entanto, toda vez que nos reunimos à beira do oceano durante essas tempestades de chuva, o Senhor abre as nuvens e permite que o sol brilhe.

Numa ocasião, orávamos pelos candidatos ao batismo amontados sob guarda-chuvas debaixo da chuva intensa que caía. Caía *de verdade*. Oramos. Assim que nosso curto percurso até a água começou, a chuva parou e um círculo de luz solar desceu como um holofote sobre o evento, como se os céus nos revelassem um vislumbre do deleite divino. Parecia que um buraco tinha sido aberto no céu bem em cima do lugar no qual os batismos estavam acontecendo. A luz do sol irradiava através de um cilindro perfeito. Como se Deus estivesse dizendo: "Vocês estão agindo bem — é isso que peço que façam". Após o último batismo do dia, quando saímos para almoçar, a chuva recomeçou.

Ele é Deus.
Como ele decide se manifestar
é problema dele.

Sem dúvida a sua igreja experimenta a presença de Deus de maneiras diferentes das nossas. Não estou defendendo a ideia de que ela busque líderes de adoração pouco treinados, mas sinceros, ou um auditório cheio de névoa, ou mesmo batismos ao ar livre em que Deus afaste a tempestade. Defendo a ideia de que a sua igreja se relacione com Deus, de que todos nós nos afastemos do pecado que nos envolve, e corramos com perseverança a corrida que nos é proposta (Hebreus 12.1,2). Fixemos o olhar em Jesus e o amemos, a ele sirvamos e desfrutemos sua presença cada vez mais. Ele é Deus. Como ele decide se manifestar é problema dele. Amém.

Exercício prático: Busque a presença de Deus.

Característica 2

A IGREJA IRRESISTÍVEL LEMBRA-SE DE QUEM ELA É

A foto na embalagem de café o espantou. Ele piscou, esfregou os olhos e examinou outra vez, por cima de seu carrinho de compras, a foto estampada na embalagem de café Taster's Choice que descansava sobre o balcão da loja. O rosto que o encarava era inconfundível. Apesar das costeletas mais escuras e das linhas ao redor dos olhos que tinham desaparecido, sem dúvida era ele — Russell Christoff — modesto professor de jardim da infância de 85 anos, morador do norte da Califórnia. Christoff pegou a embalagem de café e mostrou-a para uma balconista.

— Sim, é você mesmo — ela confirmou. — Uau, o senhor é famoso!

Christoff comprou o café e seguiu direto para o escritório de um advogado. Era o início de uma disputa legal com a empresa fabricante do café. Parece que, dezesseis anos antes, Christoff trabalhara meio período como modelo e posara para aquela foto, junto a vários outros modelos que também se candidataram ao papel. Representantes da companhia lhe disseram que, caso sua imagem algum dia fosse utilizada, eles entrariam em contato para formalizarem o contrato. Christoff jamais recebeu algum telefonema, os anos passaram e o episódio caiu no esquecimento. Até que, um dia, um empregado qualquer selecionou sua foto para utilizar numa publicidade, com certeza acreditando que o consentimento para isso já fora assinado. A foto foi impressa nas embalagens. Em muitas embalagens. Durante seis anos, ela apareceu em embalagens de café vendidas em todos os Estados Unidos, Canadá, México, Japão, Coreia do Sul, Israel e Kuait.

Quando a poeira assentou, um júri popular concluiu que a imagem de Christoff ajudara a empresa a vender café. Muito café. E tudo acontecera sem a permissão de Christoff. O tribunal lhe conferiu o direito a um pagamento que incluía mais de 5% dos lucros da empresa com a venda do Taster's Choice durante os anos em que a foto circulou. Prêmio total: 15,3 milhões de dólares!

Moral da história?

Vale a pena saber quem você é!

Entra em cena a igreja

Seja pastor ou líder leigo, nunca se esqueça de quem você é. Israel se esquecia o tempo todo de sua principal atribuição sobre a terra, e saía correndo "atrás do vento". Vamos pensar na nossa verdadeira identidade por um instante — tanto como indivíduos cristãos quanto como igreja local, pois esta é a segunda característica da igreja irresistível, a igreja que Deus ama abençoar: sabemos quem somos. Se seguimos a Cristo, somos parte do corpo de cristãos formado pela Igreja universal. A nossa verdadeira identidade é gloriosa, como a da noiva no dia do casamento. É uma identidade que nos posiciona para ação. O nosso convite é sempre para lembrar-nos dessa nossa verdadeira identidade e, então, agir com base nessa identidade.

Entendo que nem sempre é fácil fazer isso. Parte da dificuldade para lembrar-se de quem somos e agir com base em nossa identidade é que a palavra *igreja* é usada para descrever mais de uma coisa.

Igreja pode denominar uma edificação ou um grupo de pessoas que se reúne para adorar. O termo é usado como sinônimo de congregantes ou frequentadores de igreja, ou, às vezes, como equivalente a liderança ou aos tomadores de decisão dentro da igreja local. Dizemos que "a igreja decidiu chamar um novo pastor" ou que "a igreja no final da rua está promovendo um evento de evangelismo esta noite".

A palavra *igreja* também é usada para indicar um culto ou uma reunião em que fazemos coisas que aprendemos a identificar como igreja. Assim, dizemos: "Vamos à igreja hoje?".

Também podemos referir-nos a uma denominação, a um grupo de congregações centrado em determinadas crenças, práticas e projetos, como a Igreja metodista unida.

Mais ainda, o termo igreja — às vezes com "i" maiúsculo — é usado para descrever todos os crentes em Cristo. É a Igreja universal, ou todas as pessoas que professam conhecer Cristo como Salvador e por ele viver. Quando dizemos que a Igreja é a noiva de Cristo, usamos nesse sentido.

Este livro trata de pelo menos três usos da palavra, às vezes quase de modo intercambiável, e faz isso por um motivo. A igreja somos nós. Somos o corpo universal de crentes. E a igreja também é o local de reunião da igreja universal. Somos a igreja (seu povo) que se reúne na igreja (edificação).

De um lado, o título deste livro, *A igreja irresistível*, faz referência a uma igreja local da qual as pessoas jamais se cansam. Muito mais importante que isso, no entanto, é o fato de o título nos lembrar da nossa verdadeira identidade como a noiva de Cristo e de que vivemos à luz dessa identidade. O título significa que estamos no processo de desenvolver características que nos tornam gloriosos como noiva.

No fim, uma igreja é reconhecida como irresistível porque reflete a glória de Cristo — aquele que de fato é irresistível. Na verdade, ninguém precisa nos enxergar, membros ou pastores, mas, sim, entrar em contato com Cristo a cada fim de semana.

Lembre-se: sua igreja não se envolverá mais do que você. Não será mais dedicada que você. Nem mais genuína que você. Nem mais positiva que você. Por quê?

Porque você é a igreja!

A noiva, o soldado, a família

Examinemos a verdadeira identidade da igreja mais detalhadamente. Você consegue imaginar uma noiva no dia do casamento? Ela está deslumbrante em glória. O vestido é primoroso. O cabelo está arrumado com perfeição. Você consegue ver o sorriso confiante debaixo do véu quando ela atravessa o corredor rumo ao altar. Em linhas gerais, ela é a personificação da beleza, do esplendor, da esperança e da promessa. Chegou seu dia especial, o dia com o qual sonhou a vida inteira. Ao assumir seu posto na frente do santuário, junto a seu noivo, ela sabe ser profundamente estimada e valorizada. E seu noivo não lhe consegue resistir.

Essa é a imagem da igreja de Cristo. Ele nos ama com tanta intensidade quanto o noivo ama a sua noiva. A metáfora pode ser encontrada em no mínimo dois lugares das Escrituras — Apocalipse 21.9,10, no qual a igreja é chamada de noiva do Cordeiro, e Efésios 5.21-30, no qual o apóstolo Paulo exorta os maridos a amarem suas esposas "como Cristo amou a igreja".

Nossa identidade é gloriosa de fato, e lembrá-la é a segunda característica da igreja irresistível. Quando recordamos quem somos, conseguimos agir baseados nisso. Somos capazes de cumprir o nosso destino e levar uma vida resoluta, satisfeita, não desperdiçando tempo em coisas erradas. Você e eu só temos uma chance nesta terra. Se fizermos tudo errado, não voltaremos para uma segunda oportunidade. Cada dia que vivemos neste momento é parte integrante da vida que nos foi dada. Quando tudo acabar, queremos ser capazes de nos posicionar diante de Deus e ouvi-lo dizer: "Muito bem!".

Como advertência, quero reconhecer que algumas pessoas, os homens em especial, têm grande dificuldade com a ideia de que somos uma noiva. A imagem é feminina demais e ligada demais a outro universo. Se é o seu caso, não se preocupe — a Bíblia oferece várias outras metáforas para descrever a verdadeira identidade da igreja. Para 2Timóteo 2.3,4, somos soldados de Cristo. Essa imagem costuma ser absorvida com mais facilidade pelos homens. Visualize Cristo como o comandante da sua companhia. Ele é o seu guia. O seu capitão. O homem que vai à frente para nos conduzir na batalha. Sob a liderança de Cristo, somos um grupo de elite de soldados voluntários, semelhantes aos boinas-verdes ou aos integrantes da tropa de elite do exército. É um privilégio ser chefiado por Cristo, o epítome da coragem, da honra e do valor. De novo, a questão é que, ao nos lembrarmos de quem somos, possamos agir com base nisso.

Em 1Pedro 2.9 a igreja é descrita como "raça eleita, sacerdócio real, nação santa, povo de propriedade exclusiva de Deus" (*Almeida Revista e Atualizada*). A ideia é semelhante: a igreja é chamada, escolhida, valorizada. Imagine-a como uma família real — respeitada e separada para servir. O amor de Deus por nós é forte, e Cristo tem um compromisso eterno com a igreja, seu povo.

A igreja é amada e escolhida, investida de poder por Deus e separada para o serviço.

Não importa qual metáfora bíblica usemos para nos lembrar da nossa identidade e, então, agir com base nessa identidade. Todas apontam para a mesma coisa — a igreja é amada e escolhida, investida de poder por Deus e separada para o serviço. A metáfora da noiva é mais usada neste livro pelo simples fato de me parecer a mais gloriosa, e a grande ideia deste livro é que, quando a igreja vive à luz de sua verdadeira identidade, ela se torna irresistível. No entanto, se para você, é útil pensar na identidade da igreja como um soldado de elite ou como a família real, ótimo também. A questão é que a nossa identidade é atraente, investida de poder, cheia de significado. A noiva cativa de tal forma que ninguém deixa de ser atraído por ela. Todos querem ficar na fila para cumprimentá-la após a cerimônia. Querem dançar com ela na recepção. Essa é a ideia que desejo transmitir — de que a igreja pode ser tão cativante quanto essa noiva.

Podemos encontrar grande alegria e satisfação em nossa identidade verdadeira. Como Russell Christoff, somos ricos além de qualquer medida — mesmo que ainda não o percebamos. A nossa riqueza não vem de posses terrenas, carros, casas ou joias extravagantes. Antes, a carta aos Colossenses diz que a nossa riqueza se encontra nos reinos celestiais. Cristo nos salvou. Ele nos perdoou. Escolheu-nos para executarmos importante serviço na terra. Temos esperança e futuro eternos com Deus na glória. A obra que Jesus Cristo fez por nós na cruz tem propiciado tudo o de que necessitamos para sermos aceitos por um Deus infinitamente majestoso, poderoso e santo.

Cristo nos convida a viver nessa riqueza. Não somos mendigos nem bandoleiros. Cristo oferece abundância. Lemos em 2Pedro 1.3 a indicação de que "Seu divino poder nos deu tudo de que necessitamos para a vida e para a piedade [...]". Isso quer dizer que temos todo o poder necessário para a vitalidade espiritual. Podemos levar uma vida vitoriosa à luz do ministério de Cristo. Somos capazes de adorar a Deus com sinceridade. Não precisamos ser dominados pelo pecado. Podemos cuidar das pessoas e realizar obras de justiça social e humanitária. Somos capazes de amar os outros como Cristo nos ama. Podemos ser e fazer como Cristo nos convida.

Essa é a verdadeira identidade da igreja. Somos a noiva atraente de Cristo. Somos fortes, capazes e confiantes porque Cristo nos ama e nos investe de poder.

Então, qual o problema?

A igreja tem a tendência de esquecer.

Um caso de identidade equivocada

Um amigo me contou uma história sobre algo que aconteceu em sua época de faculdade. O exame final exigiu a conclusão da resenha de certo livro, o que valeria 50% da nota. Ele deu duro, esforçou-se muito e entregou o trabalho. Vários dias mais tarde, recebeu a resenha do livro de volta. Rabiscadas na capa do trabalho com tinta vermelha estavam as seguintes palavras: "Grande conteúdo. Excelente bibliografia. Pesquisa impressionante. Nota: F. Trabalho errado!".

Quando ele me contou essa história, levei dois dias para parar de rir. E, nas semanas seguintes, sempre que ela me vinha à mente, eu ria baixinho.

Mas há um paralelo muito sério aqui. Imagino se um dia Deus não dirá algo semelhante para várias igrejas: "Belo prédio. Equipe de recepção maravilhosa. Música relevante. Pequenos grupos muito bem organizados. Nota: F. Trabalho errado!".

Um trabalho errado acontece quando a igreja se esquece da sua verdadeira identidade. Como será isso?

- **A identidade é esquecida quando a igreja se ocupa muito em realizar as coisas erradas.** A igreja que vive atarefada acredita estar fazendo a coisa certa. Ela pode ter muitas atividades a desenvolver. Reuniões a organizar. Cânticos a entoar. O calendário da secretaria está cheio de anotações, até nas margens. Contudo, se essa atividade toda não levar à transformação espiritual, a igreja estará concentrada nas iniciativas erradas. É como o homem que usa papelão no lugar de telhas para cobrir uma casa. Ele martela sem parar até perder o fôlego e ficar molhado de suor, mas, quando a chuva vem, sua cobertura se transforma em uma papa.

A ênfase da igreja nunca deveria ser mais o "venha para cá" do que o "saiamos para lá".

- **A identidade é esquecida quando a igreja passa a ser o fim, não o meio para atingir o fim.** A ênfase da igreja nunca deveria ser mais o "venha para cá" do que o "saiamos para lá". Se operamos com a crença de que a nossa única obrigação é levar pessoas para dentro do prédio de uma igreja, estamos nos dedicando ao trabalho errado. O objetivo verdadeiro da igreja é influenciar a sociedade de modo que pessoas se aproximem de Cristo e vidas sejam transformadas. Conheço uma igreja que queria tanto se lembrar da sua identidade verdadeira a ponto de pendurar uma placa na porta da frente, do lado de dentro do prédio. Quando saíam, as pessoas liam: "Você agora está entrando no campo missionário". Isso tem tudo a ver com nossa verdadeira identidade!
- **A identidade é esquecida quando a subcultura cristã se instaura ou se torna o foco proeminente na igreja.** Você está familiarizado com a subcultura cristã? Tem a ver com a nossa moda particular, a nossa música, o nosso teatro, os nossos filmes, os nossos livros, as nossas conferências. A subcultura cristã costuma ser caracterizada como segura e agradável, portanto é fácil pendermos para o lado dela

e nos acomodarmos. Muitos produtos projetados exclusivamente para os cristãos não são errados em si mesmos. Servem a um propósito educacional ou ministerial. Deus, porém, nunca pretendeu que formássemos uma subcultura fechada. Pelo contrário, ele pede que sejamos uma contracultura. Ou seja, uma cultura que faz o que é verdadeiro, certo e bom até quando a escuridão está em toda a sua volta. Ele pede que permaneçamos na cultura, que estejamos *no* mundo, mas não sejamos *do* mundo, de modo que possamos influenciar "no meio de uma geração corrompida e depravada, na qual vocês brilham como estrelas no universo" (Filipenses 2.14,15).

A luz dentro do espaço

A boa notícia é que podemos nos lembrar da nossa identidade verdadeira e agirmos baseados nessa identidade. É verdade que o termo *igreja* pode ser usado para designar um ponto de encontro, um prédio, um lugar no qual as pessoas se reúnem toda semana a fim de se instruir, conviver, adorar e preparar-se. Essa definição está certa. Não estou pedindo que nos esqueçamos desse propósito da igreja. Hebreus 10.23-25 indica que uma das funções da igreja é ser um local no qual os discípulos se reúnem com regularidade. Essa é uma boa função para a igreja local, ser um ponto de parada no qual as pessoas se encontram a cada semana com bons propósitos.

A igreja deve ser sempre um meio
para algo muito maior.

No entanto, se essa for a nossa única identidade, então não entendemos nada. Quando uma igreja se esquece da sua identidade, quando se ocupa com as coisas erradas, ou se torna um fim em si mesma, ou se concentra demais na subcultura cristã, então o espírito pioneiro é apagado. E sempre se supõe que a noiva de Cristo seja uma noiva pioneira. Essa é uma mistura curiosa de metáforas, mas o Senhor diz que somos peregrinos, cidadãos do céu.

Estamos aqui apenas temporariamente. Nunca devemos perder o coração de noiva pioneira, que está sempre se adaptando, mudando, buscando pôr em prática o nosso verdadeiro propósito e alcançar um mundo agonizante para Cristo. A partir do momento em que o pioneiro se converte no colonizador, o meio se transforma no fim, e esse é o começo do fim real. A igreja deve sempre ser um meio para algo muito maior.

Gosto de pensar no papel da igreja na sociedade do seguinte modo: imagine-se erguendo os olhos para o céu à noite — o que você vê? Além da lua e das estrelas, o resto do céu parecerá escuro. Para nós, o espaço é escuro. Mas os astrônomos dizem que na verdade há muita luz no espaço. O motivo pelo qual o céu parece escuro é que não existem superfícies que reflitam a luz depois de capturá-la, revelando o que existe por lá. Se algum tipo de matéria sólida como um planeta entra em cena, então a luz passa a ser vista.

A igreja é como essa matéria que reflete a luz. A Bíblia nos chama de espelhos de Cristo, sua face, sua representação (Mateus 5.14-16; 2Coríntios 3.18). Ele é a luz e nós, o reflexo dessa luz num mundo obscurecido. Como cristãos, somos convidados a sair para a escuridão do mundo e refletir a luz de Cristo. A questão não é que o mundo nos veja, mas que veja Cristo. Eis o que a igreja é chamada a fazer.

E isso é irresistível.

Exercício prático: Lembre-se da verdadeira identidade da Igreja e então, aja com base nessa identidade.

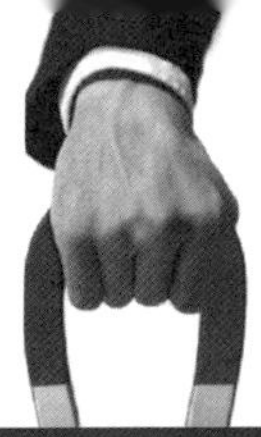

Característica 3

A IGREJA IRRESISTÍVEL AGE COM O CORAÇÃO

Uma linda menina de 9 anos, Lin Miaoke surgiu nas cerimônias de abertura dos jogos olímpicos de 2008 em Pequim. Ela cantou alto e cheia de energia o hino "Ode à pátria", sob os aplausos do mundo inteiro. No entanto, o mundo viria a descobrir depois que não fora ela quem cantara. Lin só representara.

A canção fora gravada por Yang Peiyi, de 7 anos, cuja aparência não passou pelo processo de seleção. Yang Peiyi ainda tinha um dente nascendo bem na frente, de modo que sua arcada não estava perfeita. A maioria das crianças de 7 anos saberia se identificar com isso, mas os chineses a afastaram do palco porque um oficial do partido comunista decidiu que a sua aparência não era agradável.

O porta-voz do comitê organizador dos jogos olímpicos, Sun Weide, explicou: "Resolvemos deixar Lin Miaoke cantar no palco e usar a voz de Yang Peiyi porque Yang Peiyi tem melhor voz, ao passo que Lin Miaoke é melhor atriz".[1]

Que bela interpretação dos fatos. No entanto, quando você para e pensa no assunto, conclui que "melhor atriz" é na verdade um eufemismo para "melhor imagem". Claro que não culpamos nenhuma das meninas, mas o episódio

[1] "1 Song, but 2 Girls", Sky Canaves and Geofrrey Fowler, The Wall Street Journal. 13 ago. 2008. Disponível em: <http://online.wsj.com/article/SB121859320884635553.html>. Acesso em: 13 jan. 2012, 20:31:41.

perpetua o mito de que a imagem hollywoodiana é tudo. A ilusão é que, se tivermos boa aparência, seremos necessariamente bons.

Certo?

Errado!

Onde está o coração?

A terceira característica da igreja irresistível, a igreja que Deus ama abençoar, é agir com o coração. Isso é o oposto de viver em função de uma imagem. Significa trabalhar e servir a Deus com paixão verdadeira e com o desejo intrínseco de percorrer os caminhos pelos quais o Senhor nos conduz e nos convida a seguir.

Não estou sugerindo que competência não seja importante na igreja. Coração e excelência não são mutuamente excludentes. Em outras palavras, não é ou/ou. É tanto/quanto. Tendemos a usar o coração como desculpa para o desleixo. Mas, quando agimos com o coração, a excelência geralmente nos acompanha. A igreja irresistível pode ter alguns dentes tortos e talvez nem todo o mundo cante com afinação perfeita, mas isso não mantém as pessoas distantes. Quando a imagem se desgasta e todos veem que só movíamos os lábios sem emitir nenhum som, então tudo perde o brilho.

Quando agimos com o coração, a excelência geralmente nos acompanha.

Foi o que aconteceu conosco. Nos primeiros dias da New Hope em Oahu, tudo o que tínhamos era coração. Faltavam-nos condições financeiras para custear a imagem. Não tínhamos cadeiras adequadas; sentávamo-nos em mesas de restaurante, num ajuste paliativo. Não tínhamos instrumentos; cada músico usava o próprio. Organizamos um verdadeiro corredor polonês formado pelo comitê de recepção, com oito recepcionistas de cada lado. Quando as pessoas chegavam, afunilavam-se para ganhar nosso abraço.

Mais tarde seríamos apelidados de *a igreja do abraço*, conhecida por lançar-se em cima de qualquer um a menos de três metros de distância. Servíamos de todo o coração. Arregaçamos as mangas e trabalhamos com todo o nosso empenho, e a igreja só fazia crescer. Lembro-me de orar nos primeiros dias da New Hope: "Deus, por favor, permita-nos um dia termos as nossas próprias cadeiras, o nosso próprio sistema de som, talvez até uma equipe contratada trabalhando num escritório que seja nosso".

Não me importava carregar todo meu trabalho na valise e sentar num café para despachá-lo, mas não demorou muito para que nossos grupos de discipulado tomassem conta de toda a área de refeição. O gerente do café então nos convidou com toda gentileza para procurarmos um lugar maior, diminuir nosso prestígio ou comprar o seu café. Ao longo de meses, guardamos dinheiro suficiente para alugar um escritório. Compramos cadeiras e instrumentos musicais. Tudo nosso. Tínhamos um sistema de som próprio e até compramos nossas próprias *vans*. Estávamos quase lá.

Um dia, no entanto, o comentário inocente de uma mulher me fez voltar ao que de fato importava. Ela observou: "Temos músicos tão talentosos em cultos maravilhosos nesta igreja. Todavia, lembro-me dos primeiros dias, quando tínhamos pouco, ou quase nada. Tenho certeza de que continua lá, mas hoje é difícil achá-lo. Onde foi parar o coração da igreja?".

Ela estava certa. Nossa igreja entrara em coma, não podíamos mais sentir seu batimento cardíaco. Instituíramos programas e iniciativas novas e continuávamos tocando os já existentes, mas, sendo muito sinceros, reconhecemos que a conclusão das tarefas e a manutenção das nossas operações semanais se tornaram mais importantes do que qualquer outra coisa. Embora o coração da New Hope continuasse presente, a ênfase sobre ele se perdera.

Naquela noite, gastei algum tempo extra em oração, pedindo o conselho de Deus. Não posso dizer que detectei uma voz audível, mas sei que a instrução vinha dele de alguma forma. Parafraseando, eu o ouvi ensinar: "Corrija o rumo e volte ao coração. Retire camada após camada, tantas quantas forem necessárias, até que o coração dos servos fique visível de novo.

No fim das contas, a mente fala a outras mentes, mas só o coração fala a outros corações". Deus nos direcionou para voltarmos a enfatizar a importância do nosso coração. E assim fizemos. O foco no coração foi o que Deus usou para desenvolver espiritualmente a nossa igreja na época, e é o que ele usaria para fazê-la crescer no futuro.

Depois disso, eliminamos todo programa ou tarefa que dependesse mais da imagem do que do coração. Segregamos iniciativas baseadas mais no talento do que no caráter. Nenhuma vaca sagrada estava segura naquela época.

Enfatizamos tanto a responsabilidade individual quanto a corporativa no fomento da proximidade com Deus. Sabíamos que, quando nossos corações estivessem junto dele, a igreja também estaria.

A mente fala a outras mentes, mas só o coração fala a outros corações.

Reestruturamos tudo, até conseguirmos ver a luz de corações genuínos outra vez. Desde então, temos trabalhado para agir pelo coração o tempo todo.

Não quero sugerir que os programas ou sua manutenção sejam inimigos da igreja. No passado, o termo *programa* tornou-se quase um palavrão em alguns círculos eclesiásticos. Mas eles são apenas formas organizadas de ministério. Não são errados; são necessários. Podem ser ferramentas úteis. A distinção que nos importa aqui é que o programa nem sempre equivale a ministério. Só porque está em operação, não significa necessariamente que vidas estão sendo impactadas para Cristo.

O perigo surge quando os nossos programas superam o nosso coração. Em geral, no início de qualquer iniciativa orientada para o ministério, lideramos com paixão. Corremos mais riscos. Desenvolvemos atividades com uma espécie de energia bruta. No entanto, uma vez que o programa é implementado, a tentação é acionar o piloto automático. Descansamos, achando que o programa continuará a produzir os mesmos resultados indefinidamente.

O problema é que o nosso coração começa a depender dos programas. Eles podem até continuar funcionando, só que sem um coração por trás deles.

Por exemplo, só porque temos pequenos grupos ativos e funcionando em nossa igreja, isso não significa que exista verdadeira comunhão no seio da igreja. Ou só porque temos um convite para ir à frente quem se decidiu por Cristo todos os domingos, isso não significa que o verdadeiro evangelismo esteja acontecendo. Ou só porque temos ministério para homens na igreja, isso não significa necessariamente que estejamos produzindo melhores maridos, pais, irmãos, amigos e líderes comunitários.

Sendo mais específico, advogo o exame e a reavaliação regulares de cada programa instalado nas igrejas. Incentivo as pessoas a cavarem sem medo até o âmago e descobrirem porque fazem o que fazem. Não tenha medo de interromper programas ineficazes cujo propósito se perdeu. Não tenha medo de fazer menos coisas na igreja, se isso implicar a capacidade de fazer menos, porém melhor. Sem dúvida, os princípios da liderança eficaz se aplicam em tempos como estes. A igreja costuma funcionar como uma grande embarcação. Não se muda de direção muito rápido quando se pilota um transatlântico, e costuma ser prudente matar programas ineficazes devagar e com muita paciência, fazendo pequenas e significativas alterações na estrutura, na equipe, na localização ou na ênfase dada.

Mas devemos sempre procurar o coração de cada um deles, e ali permanecer.

Se a sua vida dependesse disso

Grande parte do caminho para criar igrejas irresistíveis começa em nós. Somos a igreja, e tudo o que nos enriquece, enriquece o Corpo maior de Cristo. Se eu caminhar muito de perto com Cristo, todos o notarão. Se eu amar a posição de serviço que ocupo na igreja, não importa se grande ou pequena, ela reluzirá, fulgurará. Sempre que servimos com disposição de fazê-lo e não de má vontade (1Pedro 5.2), servimos a partir da superabundância, não do vazio.

A superabundância é natural. O vazio dá a sensação de artificialidade. Se trabalhamos duro com nós mesmos, a igreja se torna uma beneficiária automática.

Se você não ocupa posição de liderança na igreja, pode estar se perguntando o que fazer para ajudar a sua igreja a voltar a agir com o coração. Talvez você não seja capaz de atuar como ponta de lança na criação, no desenho e na implementação dos ministérios efetivos da igreja. Contudo, incentivo você a experimentar o processo de agir sempre com o coração na sua vida pessoal. *Você* é um seguidor de Cristo. *Você* vive com paixão e de acordo com um chamado. Aja de coração na sua esfera de influência.

Isso exige esforço? Com certeza. E, sempre que algo requer empenho, as pessoas se sentem predispostas a sair pela porta lateral logo de início. Eu me incluo nessa tentação comum. Todavia, questiono o que aconteceria se começássemos a realmente viver como se a nossa vida dependesse disso. Pense um instante nessa frase — *viver como se a nossa vida dependesse disso*. Você sabe o que estou querendo dizer? Isso acontece quando vivemos de propósito com alto grau de paixão. Atiramo-nos de cabeça e coração no que de fato importa.

Para ilustrar, de tempos em tempos, dada a posição que ocupo na faculdade, alguns alunos me procuram para dizer coisas como "Não consigo tirar boa nota nessa matéria. Não sei o que fazer".

Se eu sinto que é uma questão de definir prioridades, pergunto:

— Bem, e se a sua vida dependesse de tirar um A, o que você faria? Imagine que você precisa fazer uma operação que custa 200 mil dólares, mas não tenha seguro nem condições de pagar a cirurgia. Se não se operar, morrerá. Então você chega para mim para pedir ajuda e eu digo: 'Eu pago os 200 mil da sua cirurgia se você tirar um A nessa matéria'. Você acha que seria capaz de tirar o A?".

— Com certeza — o aluno responde.

Por que a mudança? Porque ele agora age como se a sua vida dependesse disso.

O que aconteceria se todos adotássemos essa abordagem na vida? De que maneira isso afetaria a nossa educação, o nosso trabalho, os nossos relacionamentos, as nossas igrejas? Podemos transformar o mundo se o nosso coração se engajar plenamente. Na maior parte das vezes, entrentanto, não vivemos assim. Achamos que os programas farão o serviço em nosso lugar. Ou enveredamos pela estrada fácil. Vemos esse tipo de coisa o tempo todo em nossas igrejas. As pessoas acionam o piloto automático, e nada além disso acontece. Podemos ansiar por uma transformação efetiva de vida, mas esperamos a chegada de um novo orador, ou de uma equipe de adoração mais dinâmica, ou de um café mais saboroso no *hall* de entrada, ou de um texto escrito por milagre na parede para produzir resultados em nosso lugar.

Podemos transformar o mundo se
o nosso coração se engajar plenamente.

Viver como se a nossa vida dependesse disso não quer dizer nos esgotarmos por Cristo. Precisei literalmente de uma cirurgia de coração para aprender essa lição. Costumava trabalhar sem parar de manhã cedo até tarde da noite até que o meu corpo me forçasse a diminuir o ritmo. Ainda trabalho muito, mas agora aprendi a distribuir de maneira estratégica várias pausas para descanso ao longo do caminho. São oportunidades para diminuir a velocidade e sentir-me conscientemente grato. Essas pausas para descanso ao longo da estrada da vida me permitem viver em maior profundidade. Só me dedico aos compromissos depois de convencido de que Jesus está me pedindo para fazer isso.

Viver como se a nossa vida dependesse disso significa viver com excelência sustentável. Quando optamos por viver assim, então servimos de todo o coração, adoramos de todo o coração, alimentando o espírito com leitura diária da Bíblia, oração, comunhão intencional e atos de serviço. Quando agimos com o coração, tornamo-nos irresistíveis como igreja.

Faço questão de salientar outra vez que agir com o coração não acontece por acaso. Trata-se de algo produzido e depois mantido por monitoramento vigilante. A tendência humana sempre resvala para o egoísmo e o comodismo, de modo que só por meio de um esforço consciente e diário é que nos libertaremos das rotinas.

Mas isso pode ser feito. Na verdade, você consegue ver por todo lado gente que age pelo coração. Essas pessoas apresentam três características importantes. Todos temos capacidade para viver desse modo, graças à nossa vontade e ao poder do Espírito Santo em operação dentro de nós.

As três características de quem age pelo coração são:

1. **Rapidez para perdoar.** Quem age pelo coração desconsidera falhas e dentes tortos. Mental e emocionalmente, oferece perdão a quem ofendeu, mesmo que a pessoa nunca venha a lhe pedir perdão.[2] Pessoas que agem pelo coração desfrutam a liberdade de não guardar rancor. Há uma leveza em seus passos, uma alegria espiritual decorrente de não carregarem bagagem extra. Elas são mais rápidas em orar aquele trecho da Oração do Senhor: "Perdoa as nossas dívidas, assim como perdoamos aos nossos devedores" (Mateus 6.12).
2. **Maior capacidade para receber uma correção espiritual.** Pessoas que agem com o coração vivem de braços abertos para o aperfeiçoamento, mesmo que ele chegue por meios pouco convencionais — um filho, o chefe, a mãe ou o pai, um parente por afinidade, uma crítica. A correção e a melhoria resultante costumam acontecer de maneiras pequenas, várias e várias vezes. Anos atrás, fiz algumas aulas de golfe. O instrutor deve ter chamado minha atenção pelo menos umas dez vezes para determinado movimento que eu vinha fazendo quando girava o corpo para bater na bola. O erro estava entranhado em mim; era uma memória muscular com a qual precisava romper. Foram necessários esses dez lembretes até que finalmente eu conseguisse corrigi-lo. De modo semelhante, a instrução por intermédio da correção pode tornar-se uma ferramenta que o Espírito Santo usa para nos libertar de hábitos enraizados em profundidade. É como dirigir na estrada. Embora ela pareça reta, não se pode amarrar uma corda do volante ao botão

[2] Para uma análise detalhada do processo bíblico do perdão, recomendo Kendall, R. T. **Perdão total**. São Paulo: Matrix, 2011.

do rádio e tirar um cochilo. Precisamos fazer leves correções repetidas vezes a fim manter o carro na pista. Quem age com o coração sabe disso e recebe a correção com humildade.

3. **Leva uma vida resignada.** Pessoas que agem com o coração abrem mão de seus planos com a maior boa vontade, em favor dos planos do Senhor. Não deixam de lado seus desejos só por deixar, pois se lembram de Salmos 37.4, em que Deus promete satisfazer os desejos do nosso coração. Mas vivem com Provérbios 16.9 em mente: "Em seu coração o homem planeja o seu caminho, mas o SENHOR determina os seus passos". Madre Teresa, uma das minhas heroínas, ensinou-me muito sobre o coração resignado. Antes de morrer em 1997, ela dirigiu as Missionárias da Caridade, ministrando por mais de quarenta e cinco anos. Ganhadora do Nobel da Paz, trabalhou com portadores do vírus HIV, leprosos e tuberculosos. Sua ordem católica administrava as cozinhas em que eram preparadas sopas para distribuição, programas de aconselhamento de crianças e famílias, orfanatos e escolas. Madre Teresa se rendeu aos planos de Deus e viveu na prática suas famosas palavras: "Nesta vida, não podemos fazer grandes coisas. Só podemos fazer pequenas coisas com grande amor".

Dando espaço a Deus

O título deste livro — *A igreja irresistível* — significa ser irresistível à presença de Deus. O convite é para que nos tornemos igrejas irresistíveis ao céu. É o que desejamos que as nossas igrejas sejam. A chave está em submeter os nossos planos a Deus. Precisamos certificar-nos de que o nosso coração está posicionado para dar crédito à intervenção divina.

Vários anos atrás, um amigo meu, mais velho do que eu, precisou operar o joelho. A cirurgia foi agendada, mas no dia marcado acabaram mandando-o de volta para casa. Por quê? Poucos dias antes, ele contraíra um resfriado. O médico lhe explicou que a cirurgia só teria sucesso se ele estivesse bem. A princípio, não consegui entender o raciocínio. Afinal de contas, a operação seria realizada no joelho, não no nariz! Sábio, no entanto, o médico tinha consciência de que a energia necessária para ele se recuperar depois de operado seria exaurida pelo sistema imunológico do corpo, que tentava lutar contra o resfriado. Meu amigo necessitava recuperar-se para poder ser curado.

Pessoas que agem com o coração abrem mão de seus planos com a maior boa vontade, em favor dos planos do Senhor.

Isso nem sempre é fácil. Temos noções preconcebidas do que Deus deseja para realizar sua obra miraculosa. Para alguns, pode ser uma adoração emocionante. Para outros, pode ser a presença de dons espirituais ou de pregadores carismáticos. Numa igreja irresistível, porém, tudo pode acontecer exatamente ao contrário.

Alguns anos atrás, a New Hope em Oahu organizou uma noite de talentos. Reunimos os nossos membros mais brilhantes, para uma noite rica em concertos e representações dramáticas. Desde a apresentação de abertura, a casa cheia soube que aquela seria uma noite memorável. Danças brilhantes, solos extraordinários, obras fascinantes e uma bela coreografia adornaram o palco. Sentado na plateia, assisti a tudo encantado, conscientizando-me de quão talentosos éramos como igreja.

Então, perto do fim da noite, as luzes diminuíram, e uma das nossas crianças especiais surgiu no palco. Nikki tem síndrome de Down. Ela e seus pais frequentavam a igreja desde que começamos a nos reunir numa cafeteria de escola. Ela parecia confiante, certa de que aquele era seu lugar, mas confesso que a minha reação imediata foi de apreensão.

Preocupou-me o que viria a seguir. Lamentavelmente, a minha preocupação era menos por Nikki do que pela reputação da igreja. Sim, temi sermos julgados por nossos visitantes. Sim, receei o que as pessoas iriam dizer. Um dos maiores temores do ser humano é ser visto como um fracasso aos olhos dos outros. Mas Deus estava arrancando isso de mim. Ele estava olhando para o coração.

Alguns segundos embaraçosos se passaram. Então o cântico de adoração de Darlene Zschech, "*Lord, I Give You My Heart*" [Senhor, eu te dou meu coração] se derramou pelo sistema de som. Usando a língua de sinais, Nikki começou. Os movimentos de suas mãos e seu comportamento demonstravam cada vez mais confiança a cada estrofe, lembrando-nos daquele que nos deu a própria vida. Senti que eu mesmo relaxava, atraído pela verdade dessa lembrança. À medida que me rendia ao Espírito Santo que operava naquele momento, senti algo no fundo da minha alma sendo reajustado.

O Senhor lembrou-me de que uma igreja pode pender para o profissionalismo ou ganhar fama por sua simplicidade, e nenhuma das duas estará certa se cometermos o erro de pensar que ambas ou nenhuma delas são rotas para a piedade. A chave é dar espaço ao Espírito Santo. Isso quer dizer que sempre damos a Deus o direito de veto do que quer que aconteça em nossas igrejas.

Foi o que Deus fez aquela noite em que Nikki acompanhou os cânticos de adoração em cima do palco, usando linguagem dos sinais. Tive a impressão de que Deus me puxava de lado e dizia: "Wayne, que reação isso causa em você?". A minha escolha era ou humilhar-me e ver o coração, ou endurecer o meu coração e permanecer orgulhoso.

O cântico chegou ao fim. Com as mãos levantadas, Nikki permaneceu como se vazia — mantendo-se nas próprias pernas só pelo prazer de Deus. Tive a impressão de que toda atividade no céu cessou naquele instante. Dominados pela emoção, lágrimas e soluços audíveis venceram os nossos bons modos e irrompemos num aplauso de pé acompanhado de gritos de "Bis!". Aquela noite nos encontrou reunidos diante do trono para nos lembrarmos daquilo com que Deus mais se delicia.

Exercício prático: Escolha viver como se a sua vida dependesse disso.

Característica 4

A IGREJA IRRESISTÍVEL PRATICA A GRATIDÃO

Às vezes, Deus nos envia uma diretiva para permanecermos quietos a fim de que ele nos possa restaurar outra vez. Ele afasta a pressa dos nossos passos para que possamos corrigir a nossa cadência.

Aconteceu comigo poucos anos atrás, quando recebi um convite inesperado de Deus. Após meses sentindo dores no peito, recebi o diagnóstico de que havia três obstruções no meu coração. Puseram-me no próximo avião rumo ao Stanford Medical Center, na Califórnia. Quatro dias mais tarde, após uma bem-sucedida cirurgia, a contagem dos meus glóbulos sanguíneos continuava baixa e eu me cansava com facilidade. Assim, em vez de voltar correndo para trabalhar, fiz um desvio até a fazenda da nossa família, no Oregon. Ali as nossas duas filhas, um genro e dois netos convivem felizes com 13 galinhas, 3 cachorros, 4 gatos e 1 vaca. Deus me convidava a experimentar uma nova forma de sucesso, a diminuir o ritmo e a ser grato por aquilo que eu tinha.

Numa manhã, logo no início daquela visita, fui de carro até um café próximo para fazer as minhas devoções. Era outono e tive a oportunidade de observar o campo enquanto percorria várias estradas secundárias. Geralmente estou com pressa demais para notar a beleza da criação divina, mas naquela manhã respondi afirmativamente ao convite de Deus e diminuí o ritmo. Uma névoa pairava como algodão macio sobre a campina, cobrindo-a com delicadeza. Circulando pelas colinas que me cercavam, uma cerração fina criava a impressão de que um trem passara por ali e deixara em sua esteira um rastro de vapor. Então, como uma cortina que se ergue devagar, o nevoeiro em retirada revelou um conjunto de cedros verdejantes que me fez lembrar de Salmos 98.8: "[...] Juntos cantem de alegria os montes". A manhã se desenrolou como o ato de abertura de um musical divino que ostentava todo o esplendor de Deus. A toda a minha volta, a criação trombeteava a majestade do Senhor.

Senti-me grato e renovado naquele instante. Também me vi aprendendo uma lição valiosa sobre a sustentabilidade do Senhor. Dizendo de maneira bem simples, eu necessitava de mais momentos como aquele. Precisava diminuir o próprio ritmo com regularidade e propósito, para poder notar o produto da obra manual de Deus e expressar mais gratidão. Um antigo ditado rabínico que ouvi anos atrás me veio à mente: "Deus um dia cobrará de nós por todas as coisas que ele criou para o nosso deleite e nos recusamos a desfrutar".[1] Por tempo demais, minha recusa se manifestara na forma de precipitação. Por não me deter nos belvederes da vida, deixara de desfrutar a paisagem como Deus pretendia. Eu vivia com pressa de seguir em frente com meu trabalho.

Alguém que leva uma vida irresistível deve remover toda pressa, sem dó nem piedade, pois a vida acontece "entre" os acontecimentos. Usando uma metáfora musical, Noah benShea, escritor bastante sagaz, cunhou inteligentemente a seguinte expressão: "É o espaço entre as notas que faz a música".

Você já percebeu como Deus às vezes nos leva a diminuir a marcha de propósito? Isso pode acontecer de maneira aparentemente fortuita, até incômoda a princípio, mas, se olharmos bem de perto, veremos a boa e perfeita mão de Deus em operação. Ele nos obriga a diminuir o ritmo por um bom motivo. Convida-nos a permanecer quietos e a enxergar as circunstâncias à nossa volta como prova de sua soberania. Quando nos tranquilizamos, somos convidados a nos sentir mais gratos. A gratidão desvia o nosso olhar do que está errado e concentra o nosso coração em tudo que é nobre, puro, amável, de boa fama e digno de louvor (Filipenses 4.8). Se tivermos o cuidado de não lutar contra o processo divino, veremos que a

[1] V. Weinberg, Noah. **The 5 Levels of Pleasure**. New York: Select Books, 2008.

diminuição de ritmo na verdade leva ao melhor de Deus para nós, embora talvez não pareça ser assim no momento.

Saber ficar quieto — isso caracteriza a sua vida e a sua igreja?

Quando a resposta da oração é não

A quarta característica da igreja irresistível, a igreja que Deus ama abençoar, é a gratidão. Creio que Deus está mais preocupado com o fato de sermos gratos do que com qualquer outra coisa. O espírito de gratidão se desenvolve sempre que paramos para admirar um arco-íris, ou quando nos recusamos a passar correndo por um pôr do sol. Quando separamos tempo para observar, sentimos crescer dentro de nós uma gratidão profunda que não havia ali antes. Somos novamente lembrados de que estamos rodeados por coisas que não merecemos, mas que nos foram concedidas mesmo assim.

Creio que Deus está mais preocupado com o fato de sermos gratos do que com qualquer outra coisa.

O talento artístico de Deus não se limita à beleza de uma zona rural. Está evidente em toda parte — sim, até nas igrejas; basta que paremos para observar. A gratidão se descobre quando removemos a pressa da nossa vida e damos ouvido à voz de Deus em cada situação. As situações podem parecer imperfeitas, mas ser grato é evidência de nossa confiança nele.

Gratidão não é o mesmo que reconhecimento. Ambos são essenciais. O reconhecimento é a resposta cordial a um favor recebido. É a nossa confirmação de que as coisas saíram como queríamos. É a resposta a um presente ou uma promoção; o grito de alegria após uma bênção.

A gratidão, no entanto, é diferente. Só pode ser desenvolvida intencionalmente. Começa no espírito. É uma atitude, uma disposição que carregamos e praticamos, quer as coisas saiam como queríamos, quer não. Significa estar satisfeito antes que quaisquer presentes sejam concedidos — ou mesmo se não forem. É exalar um "obrigado" silencioso independente das nossas circunstâncias. É gritar "Aleluia!" mesmo quando não há nenhuma garantia de bênção. É a confiança para aceitar o que Deus nos conceder.

Em 1995, Anna, minha esposa, e eu nos mudamos de Hilo, Havaí, para Oahu, a fim de darmos início a uma nova igreja — a New Hope. Pastoreávamos a igreja New Hope em Hilo havia doze anos e implantáramos outras nove, mas sentimos Deus nos chamando para implantarmos uma igreja que servisse Oahu e além.

O trabalho na nova igreja foi estimulante e, quando a obra começou a prosperar, perguntamos se o Senhor não estaria nos conduzindo a construir um prédio para a igreja. Pusemo-nos a orar. Nesse meio-tempo, alugamos um local num colégio. Tínhamos muito trabalho, todas as semanas, para instalar e depois desmontar tudo o que era necessário para os cultos. Sem dúvida, dissemos a nós mesmos, usaríamos melhor os recursos do Senhor se tivéssemos um local permanente. No entanto, mês após mês, ano após ano, a resposta parecia ser não.

O motivo pelo qual não podíamos adquirir uma propriedade para construir era bem simples. Um acre de terra no Havaí é vendido por cerca de 2,5 milhões de dólares. Necessitávamos de 20 acres no mínimo. Assim, basta uma pequena conta para concluir que isso significava pelo menos 50 milhões de dólares para começar. Mesmo que tivéssemos condições de bancar esse valor, encontrar 20 acres contíguos disponíveis em qualquer lugar perto de Honolulu era praticamente impossível. Mesmo assim, sentíamos que podíamos confiar num milagre de Deus. Sabíamos que ele é dono de tudo, "como são as cabeças de gado aos milhares nas colinas" (v. Salmos 50.10), inclusive das próprias colinas. Disponibilizar um prédio para a igreja não seria problema para ele. Oramos e continuamos orando. No entanto, a resposta era sempre a mesma. Nesse período de espera, podíamos ter-nos impacientado. Podíamos ter resmungado. Podíamos ter voltado a atenção ao que havia de *errado* na situação.

Ou podíamos optar por ser gratos.

Felizmente, essa foi a nossa escolha. Percebemos que havia duas opções: reclamar ou agradecer pelo que tínhamos.

Por irônico que pareça, mais de quinze anos se passaram e continuamos sem ter uma sede própria da igreja — e percebemos que provavelmente nunca teremos. Mas percebemos também que tudo foi planejado para o melhor. Somos agora uma família espalhada por vários locais, unidos por um coração comum a favor Cristo, pelo amor uns pelos outros e por transmissões de vídeo.

Ansiamos por um prédio porque parecia o mais lógico a fazer. Mas optamos por ser gratos, sabendo que o Senhor estava no controle. Hoje, embora ainda não tenhamos um prédio como sede, tornamo-nos uma rede mais forte de igrejas. A situação nos permite investir em outros propósitos o dinheiro que teríamos usado num prédio, visando a edificação do Reino. E isso tem-se provado benéfico para mim, como pastor. Aprendi a jogar menos e a treinar mais, e isso tem sido bastante saudável para mim — assim como para a igreja. Hoje temos um pastor líder em cada *campus*, sob minha supervisão. Meu trabalho é encorajá-los, aplaudi-los, estimulá-los e inspirá-los. Eles estão fazendo um trabalho fantástico. O sistema que Deus nos levou a desenvolver me permite ocupar a posição de chanceler do Eugene Bible College, investindo em líderes de novo. Esse é um resultado que só Deus enxergava todos aqueles anos atrás, e nos tem permitido ser mais, e não menos, eficazes.

Às vezes, Deus segura suas cartas bem junto ao peito. Ele conhece a química e a constituição de cada um de nós. Um período de menor velocidade, sem conseguirmos exatamente aquilo pelo que oramos, de chegarmos apenas ao menos que perfeito, leva-nos a depender mais dele. Faz que nos sintamos mais gratos a cada dia. Convida-nos a ser agradecidos pelo que temos. Instiga-nos a não sair correndo na frente, pois, embora desconheçamos o que o futuro nos reserva, sabemos que Deus tem o futuro nas mãos. Uma época de ritmo lento nos mantém próximos daquele que segura as cartas. É isso o que Deus quer. Ele não quer que apenas olhemos as cartas e saiamos jogando, mas que permaneçamos perto dele.

Essa é uma das maiores — e mais difíceis — lições que uma igreja pode aprender. Se você acha que falta alguma coisa à igreja que frequenta, mesmo quando você ora a respeito, sem parar, e a resposta de Deus ainda parece ser não, confie nele ao longo de todo o processo. Aconteça o que acontecer, acredite que a resposta dele é a melhor. Seja grato por Deus estar conduzindo sua igreja por um caminho bom, mesmo quando você não enxergar qual será o resultado. Deus enxerga o resultado, e Deus é sempre bom.

Seja grato por Deus estar conduzindo a sua igreja por um caminho bom, mesmo quando você não enxergar qual será o resultado.

A nossa opção de cores

Estou convicto de que a gratidão é uma decisão nossa. Temos o poder de optar por sermos gratos ou não. Em Mateus 6.22,23, Jesus disse: "Os olhos são a candeia do corpo. Se os seus olhos forem bons, todo o seu corpo será cheio de luz. Mas se os seus olhos forem maus, todo o seu corpo será cheio de trevas. [...]".

Jesus fala sobre como percebemos a vida. Há quem pinte tudo escuro, enquanto outros pintam tudo em tons claros. A nossa opção pela gratidão define as cores da nossa paleta. Há quem só tenha tons de cinza, ao passo que da paleta de outra pessoa saltam tons neon. Escolhemos como pintar situações, reveses e circunstâncias.

A que cores você dará preferência?

A gratidão pede cores de esplendor. Ela se permite tempo para enxergar magnificência no simples. Tem em mente a igreja como um todo — como uma família — e vê todas as pessoas dessa família como colaboradores valiosos. Quando escolhemos ser gratos, podemos respeitar a sabedoria inscrita em cada linha de expressão no semblante de um idoso. Quando escolhemos ser gratos, conseguimos olhar para além dos lábios furados de quem usa *piercing*, e das tatuagens de um jovem mordaz de 20 e poucos anos, para enxergar seu grande potencial. Cada pincelada deve ser intencional se pretendemos compor uma obra-prima.

Um pincel especial que utilizamos para nos auxiliar a ser gratos é a verdadeira avaliação. Sempre avaliamos de acordo com os nossos gostos ou desgostos — as nossas preferências —, porque estamos acostumados assim. Portanto, avaliamos as nossas igrejas do mesmo modo que avaliaríamos um filme ou uma atuação teatral. Ao passarmos pela porta de saída, mostramos o polegar para cima ou para baixo para o que acabamos de ver, dependendo se gostamos ou não.

A verdadeira avaliação, no entanto, usa um paradigma diferente — que avalia de acordo com o propósito. Por esse paradigma, não precisamos gostar de algo para considerá-lo um sucesso. Antes, perguntamo-nos se ele alcançou o que se propôs realizar. A avaliação verdadeira decompõe os critérios da intencionalidade. Algo é bem-sucedido (ou não) dependendo da satisfação de seu desígnio, ou de sua fidelidade a um chamado.

Como líder de igreja, por exemplo, de tempos em tempos posso dar uma espiada nas reuniões de jovens para ver o que está acontecendo. Que tipo de avaliação usarei — orientada por minhas preferências ou pelo propósito? Na minha idade, posso não querer participar de nenhum dos quebra-gelos tolos das crianças. Contudo, se eu avaliar corretamente o ministério baseado em seu propósito, então poderei enxergar que a música e os quebra-gelos estão atingindo o público pretendido — adolescentes. Desse modo, posso avaliar melhor um programa ou ministério. Minha avaliação não se baseia nas minhas *preferências*. Baseia-se em *propósitos*.

Quando conhecemos — e praticamos — esse tipo de avaliação, passamos a ver as nossas igrejas menos como *commodities* (lugares que frequentamos e dos quais recebemos bens e serviços) e mais como comunidades: reuniões espirituais locais, edificadas em torno de pessoas que se dispuseram a percorrer o caminho para se tornarem mais semelhantes a Cristo. A prática da avaliação verdadeira é uma ferramenta tremenda que nos ajuda a ser mais gratos. Somos libertados de gostar ou não gostar das nossas igrejas e passamos a apreciá-las com base em seu desígnio e sua fidelidade.

De olho nas possibilidades

Se a gratidão não é uma característica regular em nossa experiência de igreja, o que fazer? Uma das melhores práticas para aprender a gratidão é começar a demonstrá-la. Quando partimos da ação, o nosso coração logo acompanha. É simples como encontrar alguém fazendo algo certo e dizer-lhe isso. Essa prática nos posiciona na pista expressa da riqueza de frutos.

O chamado que recebemos nunca pressupôs que fôssemos falsos em nossas expressões de gratidão. Não estou defendendo encontrar alguém que não está fazendo nada e lisonjeá-lo com falsos louvores. Mas advogo, sim, a diminuição das nossas expectativas de perfeição, em especial dentro da igreja. A família da igreja é uma mistura de pessoas, todas com talentos, dons, interesses e opiniões diferentes. Quando praticamos a gratidão com sinceridade, levamos em consideração a diversidade da nossa mistura. Quando somos conscientemente gratos, por exemplo, somos lembrados de que às vezes o pregador tira um domingo de folga e tudo bem. Ou reconhecemos que de vez em quando um amigo nos entende mal, assim como o entendemos mal às vezes. Reconhecemos que alguns dos cânticos da adoração não encontrarão eco em nós. A nossa gratidão nos lembra de que somos todos pecadores salvos pela graça, e só Deus é perfeito. A nossa prática dessa característica nos concede um belo espaço para respirar em nossos relacionamentos e interações.

A gratidão ouve os sons do que poderia ser, até do que deveria ser, e nos conduz com esperança. Faz que nos concentremos em Deus, que é perfeito em glória. É o portão que os nossos dias atravessam a passos de dança. Ela nos lembra de todos os presentes que não nos deveriam ter sido dados, dos amigos dos quais não somos dignos e da graça que nada fizemos para conquistar.

A gratidão nos lembra de todos os presentes que não nos deveriam ter sido dados, dos amigos dos quais não somos dignos e da graça que nada fizemos para conquistar.

É fácil perder de vista esse dom frágil. A gratidão se deixa substituir com facilidade, mas sem sabedoria, pelo desejo. Ele desmorona diante de considerações envolvendo direitos e nos prega peças ao nos fazer pensar que merecemos mais do que realmente merecemos. Em vez disso, a gratidão deve ser apreciada e cuidadosamente mantida. Deve ser exercitada tanto nos bastidores quanto no palco; de igual modo no extravagante e no comum.

Anna e eu temos o hábito de lembrar um ao outro, em intervalos regulares, de sermos gratos. Ainda me recordo de quando compramos a nossa primeira moradia, uma casa de 240 metros quadrados. Não era uma casa espetacular, mas costumávamos comentar um com o outro, quando retornávamos após um longo dia: “Que bela casa nós temos!”.

Lógico que a casa jamais chamaria a atenção da revista *Better Homes and Gardens*, mas sentíamo-nos gratos do mesmo modo. Tinha mais a ver com a condição do nosso coração do que com o aspecto da casa propriamente dita.

Todo fim de semana, vou de carro até o *campus* do colégio no qual a New Hope vem realizando seus cultos de final de semana há mais de uma década. Pratico, então, a gratidão consciente. Observo as várias tendas armadas na noite anterior. Vejo nossos auxiliares de estacionamento, presentes no local desde as 5 horas da manhã, e outros voluntários que ajudam a transformar o auditório da escola, candidato à demolição uma vez que já alcançou seus 70 anos de idade, em local adequado para o Rei. Lágrimas embaçam meus olhos e mais uma vez sou lembrado do tesouro que temos em nosso meio. Ao longo do culto do domingo, lembro a mim mesmo das miríades de pessoas que estão dando seu tempo para ensinar na escola dominical, servir café, distribuir boletins e ministrar por intermédio das equipes de adoração. Encho a experiência de cada semana de gratidão, e lembretes desse tipo permanecem o tempo todo nos meus lábios em oração.

Não importam as circunstâncias, você é capaz de encontrar coisas sobre a sua igreja pelas quais pode sentir-se grato. Alguns dos leitores deste livro participam de igrejas construídas a partir do compromisso profundo de homens e mulheres que já se foram. Podem ser humildes, mas belas, pequenas, mas exatas. Nunca é o tamanho do prédio que torna a igreja irresistível para os céus, e sim o tamanho do coração que está dentro do prédio.

Aprendo essa lição continuamente — como diminuir o meu próprio ritmo de maneira consciente, e contemplar a beleza da criação de Deus. Fui lembrado disso há pouco tempo, pelas palavras de uma voluntária. Na New Hope, todos os recepcionistas são voluntários. É assim desde o início. Uma senhora querida tem feito isso toda quarta-feira há mais de cinco anos. Há algum tempo, aproximei-me do balcão da entrada e parei para comentar sobre sua fidelidade, e também lhe agradecer por usar seu único dia de folga para atender o telefone e cumprimentar os visitantes.

"Ó, não!", ela retrucou. "Fico ansiosa por isto a semana inteira. Aqui é onde a minha alma encontra descanso e o meu coração se eleva! Eu é que deveria agradecer ao senhor."

Ora, essa é uma igreja da qual anseio fazer parte, em que se pode contemplar a gratidão todos os dias. Essa é uma característica que ressoa a glória de Deus. É parte do que pode tornar uma igreja irresistível.

Exercício prático: Pratique a gratidão consciente regularmente.

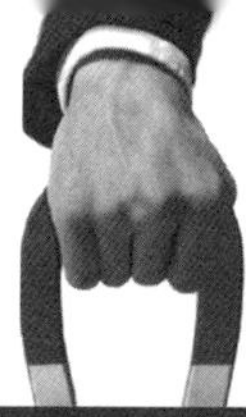

Característica 5

A IGREJA IRRESISTÍVEL PROMOVE RELACIONAMENTOS SAUDÁVEIS

Anos atrás, conduzi um seminário sobre liderança numa cidadezinha do Meio Oeste norte-americano. Após os encontros, permaneci um dia a mais para me reunir com um conselho local cuja igreja passava por uma transição pastoral. Enquanto me preparava para essa reunião, fui a um restaurante tomar o café da manhã. De repente, num movimento ágil, um homem em seus 40 e poucos anos sentou-se bem à minha frente.

— Você é Wayne Cordeiro!

— Sim, desde a última vez que conferi — foi a resposta que dei, acompanhada de um leve sorriso.

— Sou um pastor novo. Minha igreja entrou em coma. Preciso de material de apoio. Você lançou algum livro novo? Ou fita? Talvez tenha algumas ideias novas para líderes como eu?

Dessa vez ri alto.

— Vamos com calma — propus. — O que está acontecendo?

— A minha igreja precisa de ajuda. Estamos estagnados. Experimentamos dezenas de programas novos e gastamos milhares de dólares em conferências. Mas nenhum programa, por mais espalhafatosa que seja a propaganda que eu faça dele, parece funcionar. Todos fracassam!

Ele conseguira prender a minha atenção a essa altura, de modo que o pressionei um pouco mais: — Há quanto tempo você é pastor?

— Nove meses — foi a resposta.

— Não é muito tempo, mas o suficiente para dar à luz uma criança — gracejei. — Como você foi parar nessa igreja afinal?

Ele começou um relato lento, escolhendo as palavras com mais cuidado: — Não de uma maneira muito boa — explicou, balançando a cabeça. — O início de tudo foi uma discussão que aconteceu num domingo pela manhã. O pastor anterior subiu ao púlpito. Imaginei-o prestes a começar sua mensagem, mas em vez disso, ele disse: "Posso pedir aos presbíteros que se levantem?". Um a um, os sete presbíteros ficaram de pé. O pastor, então, disse: "Graças a esses homens, estou indo embora desta igreja". Pegou, então, sua Bíblia e saiu dali na mesma hora.

— Não me diga!

— Isso mesmo. Eu era assistente do pastor na época. Foi assim que me tornei pastor.

Soltei uma risada nervosa: — O conflito não começou naquele domingo.

— Ó, sim. Eu estava lá!

— Pode ser, mas o problema não começou no domingo. — Como ele parecesse confuso de verdade, continuei: — O conflito pode ter estourado no domingo, mas começou meses — talvez anos — antes, quando a liderança passou a tolerar relacionamentos mal resolvidos na congregação. A raiva em ebulição por problemas que ficaram sem solução fora varrida para debaixo do tapete, e as pessoas aceitaram viver uma incoerência como se fosse normal. Não, o conflito pode ter vindo à tona naquela manhã, mas, como a ferida que se inflama aos poucos até supurar, ele existia havia algum tempo.

O pastor concordou com a cabeça. Contou vários incidentes em que as engrenagens davam indícios de que começavam a derrapar.

Conversamos por mais algum tempo. Conseguimos identificar os problemas e as possíveis soluções que ajudariam a corrigir os relacionamentos dentro da congregação. Mais tarde, de volta ao carro, entristeci-me ao constatar que ouvira muitos relatos semelhantes sobre conflitos em igrejas. Talvez nenhum tão dramático quanto o do pastor que responsabilizou os presbíteros durante um culto de domingo, mas não faltam histórias de contendas sem solução e que perduram por anos nas igrejas.

Quando uma igreja mantém relacionamentos saudáveis, as pessoas se entusiasmam de verdade na hora de se encontrarem. Essa animação contínua pode ser observada tanto em frequentadores veteranos quanto nos visitantes. Mas, quando a igreja tolera a presença de problemas mal resolvidos, a insegurança resultante destrói a igreja local como o que as ervas daninhas fazem a um campo arado. Os visitantes detectam a inevitabilidade da colheita ruim, embora talvez não sejam capazes de apontar com exatidão a origem do problema.

Resolver conflitos é de importância máxima numa igreja, embora raras vezes seja uma tarefa fácil. Mas pode ser feita — e de maneira continuada — na sua igreja bem como na minha.

Uma casa bem-arrumada

A quinta característica da igreja irresistível, aquela que Deus ama abençoar, são os relacionamentos saudáveis. Isso acontece quando as pessoas se dão bem umas com as outras, quando a igreja promove e encoraja o senso de união no vínculo do amor. Ter essa característica não significa que todos dentro da igreja concordam sempre com tudo, ou que nunca existem problemas. Significa apenas que, quando os problemas ocorrem, dedicamos tempo e esforço para resolvê-los de maneira adequada.

Por irônico que pareça, pode ser revigorante, libertador até, reconhecer a inevitabilidade dos problemas no interior da igreja. Nenhuma igreja está livre de problemas, nem deveríamos esperar que fosse assim. Quando percebemos que eles surgem em qualquer igreja local, libertamo-nos da pressão de ter tudo sempre muito arrumado o tempo todo.

Pense no assunto da seguinte forma: minha esposa mantém a casa limpa. Isso não quer dizer que a nossa casa nunca fique suja, ainda mais com os nossos três filhos e os netos por perto! Mas significa que, quando nossa casa fica suja, não permanece assim por muito tempo até que seja limpa outra vez.

Toda igreja sadia e em crescimento tem algo em comum: problemas. O mesmo vale para famílias e casamentos. Problemas costumam ser sinais de que as pessoas estão se esforçando ao máximo. Por exemplo, quando elas dançam, seus pés se enroscam toda hora. Mas elas não param por causa disso. Tratam de desenroscá-los e continuar dançando.

As pessoas, às vezes, se sentem tentadas a varrer os problemas para debaixo do tapete, na esperança de que, se um conflito for ignorado, ele se resolverá por si só com o tempo. Com certeza, discernimento e diplomacia precisam ser inseridos em qualquer contenda e, às vezes, isso implica incentivar as pessoas a não darem importância a um insulto (Provérbios 12.6) ou a determinadas ofensas (1Coríntios 13.5). No entanto, na maioria dos problemas, ainda mais se forem sérios por natureza ou envolverem grande grupo de pessoas, será necessário algum tipo de solução pública para o conflito. O DNA de qualquer solução de conflito envolve reunir pessoas e fazer que elas falem e ouçam umas às outras. Os interesses específicos precisarão ser ajustados; os boatos, anulados ou esclarecidos; os objetivos comuns e as áreas de entendimento, analisados e descobertos; e os pedidos de perdão, feitos e aceitos. Cada passo ao longo do caminho exige tempo, esforço, paciência e oração.

Deus é fiel em produzir cura quando ela é buscada, e podemos influenciar a decisão de quanto tempo levará se cedermos aos princípios divinos. Um plano radical implica cancelar os cultos dominicais até que todos na igreja concedam um novo começo uns para os outros. Sei que soa radical demais, mas não sou eu que faço esse pedido estranho. Jesus o idealizou. Em Mateus 5.23,24, ele dá essa instrução surpreendente:

> Portanto, se você estiver apresentando sua oferta diante do altar e ali se lembrar de que seu irmão tem algo contra você, deixe sua oferta ali, diante do altar, e vá primeiro reconciliar-se com seu irmão; depois volte e apresente sua oferta.

Em outras palavras, Jesus está dizendo que ter o relacionamento certo uns com os outros é mais importante do que ter uma igreja. Essas são palavras fortes. Constituem uma ordem, não uma opção, embora, sem dúvida, precisemos discernir até que ponto essa ordem deva ser posta em prática. Por exemplo, pode ser exagerado cancelar cultos até que a desavença entre dois indivíduos da igreja se resolva. Todavia, numa contenda sistêmica, envolvendo toda a igreja ou a maior parte de seus membros, eu penso que essa reação dramática de cancelar cultos seja muito apropriada.

Jesus está dizendo que ter o relacionamento certo uns com os outros é mais importante do que ter uma igreja.

Independentemente de como esta passagem é aplicada a cada situação, o princípio que a encerra permanece verdadeiro: os relacionamentos entre indivíduos são da maior importância. Igrejas são organismos vivos; não são organizações corporativas. São entidades ativas compostas por pessoas vivas — e que precisam relacionar-se bem umas com as outras. A saúde do indivíduo afeta a saúde da igreja inteira.

Se uma pessoa se sente feliz e saudável, à exceção de algum acidente catastrófico, ela dificilmente adoecerá. Se acontecer, ela não permanecerá doente muito tempo. Por outro lado, se essa mesma pessoa estiver sob o peso de problemas não resolvidos, ansiedades, temores arraigados e feridas mal cicatrizadas, seu sistema imunológico sofrerá sérias consequências. Ela estará vulnerável às enfermidades e logo se entregará à doença. E, quando adoecer de verdade, ficará assim por longo tempo.

Com as igrejas ocorre a mesma coisa. Quando a cultura dos relacionamentos saudáveis está comprometida, corremos o risco de contrair uma variedade de doenças. Predispomo-nos a enfermidades relacionais desnecessárias, dentre as quais a falta de comunicação, a diminuição do prazer e o aumento da fofoca. Quando os relacionamentos prosperam, o nosso sistema imunológico espiritual nos protege de doenças ocasionais. Se contraímos algum mal, somos resilientes e saramos depressa. Isso resulta em alegria tangível, em companheirismo e apoio mútuo à medida que as pessoas trabalham juntas como equipe.

Quando Brad Pitt entrega a *pizza*

Não pretendo que o tema principal deste capítulo seja a solução de conflitos. Há outras boas fontes que a liderança da igreja pode usar para ajudar os membros numa situação conflituosa. Às vezes a igreja precisa contratar consultores externos para auxiliar na solução intencional do conflito, especialmente se há um histórico de contendas, ou se a igreja está passando por uma transição de pastores desagradável para ambas as partes envolvidas. Em geral, o processo implica esclarecer disputas de poder, elucidar papéis, confessar, restaurar e curar. Convocar consultores ou uma liderança provisória intencional é quase sempre um tempo bem gasto.

Em vez disso, a minha intenção é indicar-nos o lado positivo dessa característica — a igreja irresistível promove relacionamentos saudáveis. Qual é o único e o melhor caminho para fazer isso? Ter um objetivo comum. Em nossa igreja, registramos por escrito os nossos nove valores essenciais. Exibimos esses valores em todas as paredes. Reservamos tempo específico durante as mensagens do fim de semana para ensinar esses valores essenciais ao povo. E funciona. Queremos sempre ter em mente a razão pela qual existimos como igreja.

Quando penso nos indivíduos que se reúnem para trabalhar por um objetivo comum, gosto de recordar os eventos para angariar fundos envolvendo celebridades. Você já viu na TV? Costumam acontecer após uma catástrofe. As celebridades se reúnem em torno de uma causa, trabalhando juntas pelo bem comum. George Clooney esfrega o chão. Whoopi Goldberg atende o telefone. Brad Pitt entrega a *pizza*. O nosso lado cético talvez questione o valor das relações públicas que tem o altruísmo das celebridades. No entanto, quero suspender o ceticismo por um momento e examinar a prática saudável de deixar de lado interesses individuais em nome de um bem maior. Num evento recente, um repórter perguntou: "Como vocês conseguem fazer que todas essas celebridades multimilionárias ajudem assim?". E alguém respondeu: "Porque algo muito maior do que nós está acontecendo neste exato momento".

Essa frase tem grande valor. A igreja precisa operar de modo bastante parecido. O Espírito Santo ama trabalhar num ambiente de afeição genuína, no qual as pessoas sabem que o objetivo maior não tem a ver com elas, mas com o nascimento do Messias, com o fato de Cristo vir ao mundo, com a eternidade que nos invade a vida. É aí que está a emoção. Quando nos vemos uns aos outros e trabalhamos juntos como colaboradores, colegas, parceiros e aliados, reconhecemos que todos fazemos parte do plano de redenção de Deus.

Ao se reunir em torno de um objetivo comum, a igreja ajuda a promover uma cultura de pessoas que querem estar juntas. Numa sociedade que resiste à proximidade, relacionamentos sadios representam a cura da solidão. Gênesis 2.18 nos lembra: "[...] Não é bom que o homem esteja só [...]". Somos criados de tal forma que, dissociados dos outros, não nos sentimos realizados. Madre Teresa certa vez disse: "Se não temos paz, é porque nos esquecemos de que pertencemos uns aos outros".[1] Não podemos nos esquecer disso nunca.

Um dos meus amigos mais queridos chama-se Noel Campbell. Hoje ele está aposentado, mas foi meu mentor durante vários anos, na época em que eu começava a atuar como um jovem e ambicioso pastor. Na época, a moda era colecionar os discos coloridos de um jogo chamado POG. Esses objetos do desejo eram tampas de garrafa com o nome ou o logotipo de uma fábrica de laticínio impresso em cima. Os colecionadores previram que um dia os POG superariam em valor os cartões de jogadores de beisebol, muito admirados nos Estados Unidos.

Tendo em vista a minha recém-descoberta riqueza, troquei, negociei e resgatei os melhores deles. Satisfeito com o meu tesouro, aproximei-me de Noel um dia e perguntei:

[1] CALCULTÁ, Madre Teresa. **Mother Teresa:** In My Own Words. New York: Gramarcy Books, uma divisão da Random House Value Publishing, 1977.

— Sabe, estou prestes a ficar muito rico. Sendo assim, deixe-me perguntar... Alguns colecionam cartões de beisebol enquanto outros colecionam POG. E você, o que está colecionando?

A resposta me pegou de surpresa:

— Eu coleciono amigos.

Programas, instalações, recursos e mapas organizacionais só fazem sentido no contexto dos relacionamentos saudáveis.

Você já ouviu alguém dizer algo perspicaz e pensou: *Gostaria que tivesse sido eu a dizer isso*? O comentário desse amigo ocorreu muito antes da época do Facebook, em que podem-se colecionar amigos apenas para somar um bom número. Noel disse isso com sinceridade. Amava as pessoas e queria passar tempo propagando e cultivando amizades.

Para a igreja, é de suma importância atuar a partir do princípio de que programas, instalações, recursos e mapas organizacionais só fazem sentido no contexto dos relacionamentos saudáveis. E esses relacionamentos preparam o terreno para amizades de uma vida inteira. Sob tais condições, as amizades se aglutinam. O resto é secundário.

Cheiro de torta de maçã recém-assada

Em minhas viagens, sempre encontro igrejas irresistíveis de todas as formas e tamanhos. Igrejas em que os indivíduos trabalham o tempo todo para deixar para trás as diferenças e desfrutar uma camaradagem sadia. Elas podem ser encontradas em vizinhanças proeminentes ou bairros mais pobres. Parte importante do fato de a igreja ser irresistível consiste em seus frequentadores gostarem de estar na companhia uns dos outros. É quando a igreja coleciona amigos e o faz com propósito.

Às vezes, quando essa característica dos relacionamentos saudáveis é evidente para todo mundo dentro da igreja, não há necessidade de programas impressionantes ou instalações caras. Lembro-me de uma noite de domingo no meio do inverno. Eu estava no *hall* de uma pequena igreja em que os membros comemoravam o 75º aniversário de um dos irmãos. À medida que as pessoas chegavam, saudavam-se como se fosse a primeira vez que se viam após hibernarem por um longo inverno. O velho aquecedor a lenha não era suficiente para esquentar um salão daquele tamanho, de modo que a maioria optou por manter o casaco abotoado. O assoalho rangia. As paredes eram desbotadas. O ambiente era humilde, todavia a afeição genuína dos presentes fazia tudo parecer abundante. Ninguém prestava atenção nos arredores. Em vez disso, risos soavam alto em todo o salão à medida que as pessoas trocavam lembranças e comiam tortas de maçã recém-assadas. A sinceridade irrestrita ali existente era revigorante. As pessoas não tinham muito, mas um conjunto de bons corações aliado a um bom Deus levava os presentes a se sentirem como se fossem as pessoas mais especiais sobre a terra.

Onde houver relacionamentos sadios, o Espírito Santo se deleitará em comparecer. Vibrará por poder encher o ambiente mais humilde com a presença de Deus.

Exercício prático: Mantenha o objetivo principal em mente.

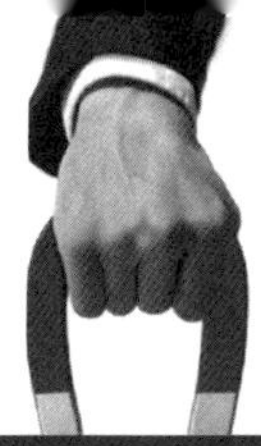

Característica 6

A IGREJA IRRESISTÍVEL ESTÁ SEMPRE APRENDENDO

Um grupo de pastores beduínos chamados tártaros cruzava regularmente a paisagem siberiana por volta do século XVI. Para sobreviver, acompanhavam o suprimento de comida para seus rebanhos, fornecido pela vegetação disponível. Tinham de estar preparados para levantar acampamento quando a fonte de comida deixava de ser suficiente. Também viviam em busca de água no deserto e de pastagens mais frescas. Caracterizavam-se como povo dócil, tranquilo e despretensioso. Em raras ocasiões, no entanto, quando irritados, determinada frase que dirigiam contra os oponentes ou antagonistas resumia tudo. Por entre lábios cerrados e rostos afogueados, ouviam-se as seguintes palavras ríspidas: "Que você permaneça num só lugar o resto da sua vida!".[1] A frase parece boba à primeira vista, mas, quando imaginamos o imperativo de sobreviver posto sobre as manadas e os rebanhos tártaros, entendemos a natureza severa da imprecação.

Como igreja, tendemos a nos inclinar na outra direção: privilegiamos a estabilidade em detrimento da mudança. O nosso maior objetivo não declarado costuma ser chegar a um bom lugar e então nos aquietar. Gostamos dos programas com que já estamos familiarizados. Se alguma coisa funcionou no ano passado, ou no ano anterior, ou dez anos antes, somos tentados a usá-la novamente. Um dos valores não declarados de muitas igrejas é a consistência, que costuma ser equiparada a *manter as coisas do jeito como sempre foram*.

[1] Blunt, Anne; Blunt, Wilfrid Scawen. **Bedouin Tribes of the Euphrates**. New York: Harper, 1879.

Mas a igreja irresistível opta por aprender e adaptar-se o tempo todo. A mudança é a moeda corrente de uma sociedade em constante transformação, e o que funcionou ontem para ministrar a essa sociedade pode não funcionar hoje. A igreja irresistível não muda por mudar apenas. A ênfase principal nunca é substituída por ser relevante, atual ou "legal". Antes, devemos mudar porque Deus usa o agente da mudança para o bem que ele determinou. Ele sabe que, quando as pessoas param de aprender coisas novas, param de crescer. O espírito humano floresce aprendendo sobre Deus, sua vontade, os outros e até sobre si mesmo.

O futurista Alvin Toffler escreveu que "os analfabetos do século XXI não serão os que não podem ler e escrever, mas aqueles que não puderem aprender, desaprender e reaprender".[2] Essa é a nossa tarefa como igreja também. Para continuar ministrando a uma sociedade em transformação, devemos adaptar-nos e mudar continuamente. De igual modo, para sermos o povo que Deus quer que sejamos, temos de continuar a aprender, desaprender e reaprender.

Um importante fator no aprendizado

A sexta característica da igreja irresistível, aquela que Deus ama abençoar, é a capacidade de aprender constantemente. Um dos melhores veículos para nos ajudar a aprender procede de uma fonte improvável: o erro. Poucas pessoas, inclusive eu, gostam de cometer erros. No entanto, se pararmos para refletir a respeito dos nossos erros, o resultado pode ser muita sabedoria.

Vários meses atrás, durante uma sessão de perguntas e respostas num seminário que eu ministrava, um rapaz na plateia ergueu a mão.

— Com que frequência o senhor cometeu erros importantes na sua vida? — ele quis saber.

— Em média, cerca de uma vez por semana, desde o dia em que nasci. — Na mesma hora ouvi rirem da minha resposta, mas interrompi: — A questão

[2] TOFFLER, Alvin. **A terceira onda**. Rio de Janeiro: Record, 2007.

para todos nós, no entanto, não é se cometemos erros ou não. A verdadeira questão é: O que temos feito com esses erros?

Se pararmos para refletir a respeito dos nossos erros, o resultado pode ser muita sabedoria.

Esse é o clima do aprendizado constante que pretendemos fomentar na New Hope em Oahu. Não há problema em experimentar coisas novas, correr riscos no ministério, ser corajoso em esforço e originalidade. Embora estejamos estabelecidos e operando há alguns anos, a New Hope em Oahu ainda é uma igreja de líderes, em sua maioria, jovens e nos primeiros estágios da descoberta. Quando começamos, poderíamos ter contratado só veteranos. Mas, em vez disso, muito cedo nossos líderes seniores optaram por ser treinadores, extraindo potencial dos novatos.

Aprendemos ao longo do caminho que é uma alegria trabalhar com líderes emergentes. Eles nos mantêm alertas e de joelhos o tempo todo. Olhando para trás, fico contente com o fato de termos decidido desenvolver nossos líderes em vez de contratar veteranos. Eu faria tudo de novo, mas há uma grande constatação aqui: dentro de cada jovem líder, há centenas de erros à espera de serem cometidos. Claro que não somos nem levianos em se tratando de erros, nem soberbos em se tratando de juízos equivocados. No entanto, precisamos abrir espaço suficiente em todas as igrejas para que líderes jovens encontrem o próprio caminho se tiverem forças para progredir. Martinho Lutero disse certa vez: "Ame a Deus e peque com ousadia!".[3] Sua intenção não era nos encorajar a pecar de propósito. Ele quis dizer que, em nosso esforço de amar a Deus, estaremos inclinados a cometer erros e, se ficarmos com medo de cometê-los, talvez não sejamos capazes de servir a Deus plenamente.

Quando pensamos no ambiente das nossas igrejas, ajuda adotar a atitude do rei Salomão. Com sua sabedoria sarcástica, ele afirmou: "Onde não há bois

[3] V. LUTERO, Martinho. In: DILLENBERGER, John (Ed.). **Martin Luther:** Selections From His Writings. New York: Doubleday, 1962.

o celeiro fica vazio, mas da força do boi vem a grande colheita" (Provérbios 14.4). Era seu jeito de dizer que, se nosso objetivo for um celeiro vazio, jamais teremos força ou efetividade. Mas, se quisermos essas duas coisas, melhor comprar uma pá. Erros de julgamento, enganos e tropeços leves não são fatais, na maioria das vezes. O que pode ser mortal, no entanto, é a maneira como lidamos com os nossos fracassos. O modo como reagimos a eles, geralmente, determina a extensão do estrago causado. Então, eis o que faço: espremo até a última gota de sabedoria que os erros me possibilitam. Aprendo tudo o que posso, então lanço fora a carcaça vazia daquele erro e nunca mais torno a pensar nele. Erros pedem funeral rápido e reflexão lenta. E isso nos leva ao próximo componente importante da característica de aprender sempre: a reflexão.

A vida examinada

Cometer um erro nos dá experiência, mas a experiência sozinha não nos torna mais sábios. Quando repetimos um erro, a experiência só nos lembra de que já fizemos isso antes. Não é a experiência, mas a reflexão que produz a sabedoria desejada. A equação que uso é esta: experiência mais reflexão é igual a entendimento.

Você costuma refletir sobre a sua vida, inclusive sobre os erros cometidos? Não defendo gastar quantidades enormes de tempo discutindo equívocos. Apenas advogo que levemos uma vida examinada. Sabe o que eu quero dizer com esse termo — uma vida *examinada*? A vida de algumas pessoas é como um caderno em branco. Nunca escrevem nada nele. Nenhuma anotação. Nenhuma reflexão. Nenhuma experiência. A de outras é um caderno repleto de experiências que, uma vez registradas, nunca mais são revisitadas. O caderno só contém transcrições de fracassos passados. Outras pessoas, no entanto, dedicam parte do tempo à reflexão regular das próprias experiências. Investem em períodos, curtos a longos, para meditar no que Deus está ensinando. Tempo e reflexão são necessários para corrigir perspectivas equivocadas e redefinir prioridades de vida. Esses estudantes ávidos por conhecimento extraem cada gota de sabedoria que podem do passado para construir um excelente futuro.

Experiência mais reflexão é igual a entendimento.

Como isso acontece na prática? Para ser específico, conheço várias pessoas que separam um dia a cada quinzena para ficar sozinhas e dedicar-se à oração, à leitura das Escrituras e à meditação, anotando tudo num diário. Contam que muita coisa boa advém desses períodos intencionais de reflexão. Conheço um líder cristão que ora com regularidade por itens que o preocupam durante um período específico, quarenta dias na maior parte das vezes, para adquirir a perspectiva de Deus sobre grandes decisões e aquilo que merece mais atenção na vida. Conheço uma mulher que jejua com intervalos definidos, buscando a direção do Senhor. Ela defende a ideia do "tempo a sós com Deus" como precursor obrigatório para o avanço.

Todos esses métodos de reflexão ajudam muito, pois a experiência sem a reflexão pode precipitar-nos a falsas conclusões. A falta de reflexão pode deixar-nos cansados ou ao menos temerosos de tentar de novo. Optamos por viver com cautela, em vez de nos envolvermos plenamente. Mark Twain disse certa vez: "O gato que senta em cima do fogão quente nunca mais sentará em cima de outro fogão quente, como jamais sentará em cima de fogão nenhum!".[4] Esse se torna o nosso padrão de vida. A vida com medo se baseia na anulação da atividade, mas a vida com fé se baseia na confiança na direção e na ação de Deus. A igreja irresistível reserva tempo para refletir sobre os caminhos de Deus e, ao fazê-lo, aprende a segui-los.

Na New Hope em Oahu, uma das maneiras que adotamos para refletir é organizando encontros regulares de líderes denominados *interrogatório de instrução*. Ao longo dos anos, tem sido nosso objetivo construir nessas reuniões uma cultura consistente de aprendizagem por avaliação. Observe que eu não disse *por crítica* ou *por busca de defeitos*. O interrogatório tem o intuito de promover o aperfeiçoamento por meio das lições aprendidas. Por exemplo,

[4] V. Twain, Mark. **Mark Twain:** Collected Tales, Sketches, Speeches, and Essays. Vol. 2: 1891-1910. New York: Library of America, Penguin Putnam Inc., 1992.

toda noite de sábado, após nosso primeiro culto, levamos os principais líderes para a sala dos fundos e lhes fazemos perguntas específicas baseadas no propósito do culto.

Essa prática pode ser implementada em igrejas de qualquer tamanho. Algumas preferem fazer o interrogatório sobre o culto do domingo na manhã de segunda ou terça-feira. Quanto mais perto do culto ele acontecer, melhor — a memória e as recordações ainda estarão frescas. Também faço isso com a minha família ou meus projetos ministeriais. Interrogar cria uma métrica pela qual começamos a aprender, a nos aperfeiçoar e, com frequência, a celebrar.

Dentre as perguntas que podemos fazer estão:

- As pessoas se envolveram com o culto? Participaram ou foram meras espectadoras?
- Sentimos o mover do Espírito Santo no culto ou só fingimos?
- A mensagem falou tanto à mente quanto ao coração?
- Alguém aceitou a Cristo?
- O culto enalteceu Jesus ou só serviu para que nos vissem com bons olhos?
- Quando foram embora, as pessoas falavam sobre Cristo?
- O que temos para comemorar?

Observe que as perguntas não se baseiam em *preferências* — aquilo de que gostamos ou deixamos de gostar. Baseiam-se no *propósito*. Levam-nos a pensar em nossa missão, o motivo pelo qual fazemos o que fazemos.

Também traçamos um limite, em nossas sessões de interrogatório, entre o debate sadio e a discussão pura e simples. O debate abre espaço para opiniões divergentes, mas presume que estamos do mesmo lado. Ao debatermos, tentamos fazer da melhor maneira possível o que Deus nos ordenou. A discussão pura e simples, por outro lado, busca o controle do outro. Um bom líder e pastor não permite que uma discussão desse tipo se instaure na reunião.

Estamos todos no mesmo time e o nosso objetivo é uma medida maior de frutificação. Depois que as perguntas são feitas, implementamos ajustes específicos. Conferimos às pessoas que foram interrogadas autoridade para criticar com sinceridade. Contudo, o objetivo maior é sempre edificar.

A igreja irresistível está sempre em missão. Isso quer dizer que ela jamais se esquece das razões pelas quais existe: glorificar a Deus, ganhar pessoas para Cristo e preparar os santos para que realizem a obra do ministério.

Envolvidos, mas ineficazes

Um amigo meu trabalha com um acampamento no Estado de Washington. Ao longo dos anos, os administradores do acampamento têm buscado implementar diversas melhorias e aperfeiçoamentos nas construções e nos programas. Às vezes, no entanto, até as mudanças cuja necessidade é mais evidente são recebidas com resistência por parte da clientela que frequenta o local há mais tempo. Por exemplo, vários anos atrás, eles substituíram as latrinas por banheiros com privada. Até essa mudança atraiu críticas. Parece que algumas pessoas gostavam do caráter rústico do lugar antes da reforma.

Imagine ter saudades de latrinas!

Por outro lado, quem nunca fez reclamações ilógicas em nossas igrejas? Por que, em nossa comunidade cristã bem-intencionada, somos tão resistentes à mudança?

Talvez não suportemos a ideia de vender o ônibus que transporta os membros da igreja. Temos lembranças carinhosas desse ministério, dos muitos idosos gratos que ele buscava em casa e levava até a igreja. Contudo, examinando-o melhor hoje, vemos que ele libera muita fumaça e precisa ser guinchado toda vez que pega a estrada! O culto para quem não consegue sair de casa renderia melhores frutos se utilizássemos *vans*, ou se fosse transmitido por videoteipe ou pelo ministério da Internet. Mas não podemos vender o ônibus — isso significaria mudar.

Por que, em nossa comunidade cristã bem-intencionada, somos tão resistentes à mudança?

Ou talvez alguns não suportem a ideia de não imprimir a ordem do culto no boletim matutino do domingo. Essa ordem impressa sempre existiu e as pessoas estão habituadas. Claro que é muito difícil para a liderança fazer qualquer mudança no culto depois da impressão, porque as pessoas olham para o boletim e se perguntam o que está acontecendo. Mas é possível sonharmos em fazer as coisas de um jeito diferente!

No Dia das Mães, sempre realizamos um café da manhã bem cedo, antes do primeiro culto, com vistas a angariar fundos para o ministério dos adolescentes. Claro, a adesão ao café é péssima, e pouco dinheiro é levantado. Os adolescentes perdem horas de sono por causa do evento, chegam mal-humorados e deixam cair os pratos a toda hora, mas quem tolera pensar em suspender o café?

É possível cancelar o culto da noite no domingo de Super Bowl, embora pouquíssimas pessoas compareçam e quem o faz preferiria estar em casa, vendo o jogo? Com um pouco de engenhosidade, poderíamos elaborar um ministério masculino simples, mas eficaz, orientado à expansão do Reino, nessa janela de tempo. Mas... nenhum culto à noite? Nunca fizemos as coisas desse jeito antes.

Se pisei no calo de alguém, por favor, não feche este livro por frustração ou raiva. Pisar em calos não é a minha intenção. Apenas incentivo você a fazer perguntas sinceras acerca da efetividade da sua igreja. Aprender a enfrentar a verdade, por dolorosa que seja, é um dos maiores princípios para o aprimoramento. Não podemos avançar a menos que sejamos corajosos o suficiente para reconhecer a verdade.

Aplique este princípio a outras áreas da sua vida e veja quanto ele é real. Por exemplo, se não reconhecermos que estamos no emprego errado, nunca seremos capazes de fazer as mudanças necessárias nesse emprego, nem mudar de profissão e procurar outro emprego.

Se não reconhecermos que o nosso casamento passa por dificuldades, não buscaremos ajuda para corrigir as palavras ofensivas que exacerbam as discussões.

Se não enxergarmos a verdade de que estamos com sobrepeso, não faremos o necessário para nos livrar dos velhos hábitos que nos levaram à obesidade.

A verdade nos libertará; mas, primeiro, ela talvez nos faça sentir incomodados, miseráveis até. Todavia, apegar-nos a falsidades, negando a verdade e não avançando, é bem pior.

A igreja irresistível confronta com valentia os problemas dos ministérios ineficazes, mas também responde com misericórdia e graça. É madura o bastante para reconhecer a existência de galhos mortos em seus programas e métodos. Os problemas são confrontados da mesma maneira que um grupo de cirurgiões de renome mundial avaliaria um raio X antes de operar. O ajuste necessário é identificado e chega-se a um acordo quanto à melhor maneira de implementá-lo. Cirurgiões não repreendem o paciente com severidade, nem culpam a genética. O objetivo deles é sanar o problema e devolver a saúde ao paciente.

Aprenda com o mal tanto quanto com o bem

Podemos aprender com as coisas mais improváveis. É útil lembrar-nos disso quando pensamos na natureza imperfeita de todas as igrejas. Dizem que um pregador chamado John Wesley White conseguia *ouvir* um sermão simples como se fosse uma obra-prima espiritual. Em outras palavras, ele tomava para si a responsabilidade de ouvir, em vez de delegá-la a outra pessoa qualquer. Serve de exemplo para que aprendamos com ele, para que desenvolvamos o gosto de adquirir conhecimento novo e viver novas experiências. Podemos descobrir novas verdades tanto com maus quanto com bons professores.

Um jovem líder voltou de um bimestre intensivo sobre apologética ministrado por uma universidade. Por ocasião de seu retorno, perguntei-lhe:

— Como foram as aulas?

— Metade foi boa e metade, ruim — ele respondeu.

— Não entendi. O que você quer dizer com isso?

— Bem — ele explicou —, metade dos professores era interessante, de modo que aprendi com eles. Mas os outros eram chatos, então não aprendi nada com eles.

— Não! — exclamei bem alto, tentando chamar-lhe a atenção. — Você precisa aprender com os ruins tanto quanto aprende com os bons. Se você só aprender com os bons, aprenderá apenas a metade. Mas, se aprender com os maus também, aprenderá em dobro.

— Como eu poderia aprender com os maus? — ele me questionou. — Eu morria de tédio nos três primeiros minutos das aulas.

— Fantástico! — insisti, cheio de entusiasmo. — Você sabe como é preciso ser habilidoso para levar alguém a morrer de tédio em três minutos? Descubra o que esse professor está fazendo para realizar um feito desses. E anote. Será a voz monocórdia? Talvez ele desconheça a matéria que tem de ensinar. Talvez fique divagando de tópico em tópico. Ou quem sabe lhe falte paixão? Descubra o que era e você saberá o que *não* fazer no dia em que pedirem para ensinar.

Aprendendo sempre

Renove o compromisso de sempre aprender algo novo, não importa há quanto tempo a sua igreja existe. Desenvolva habilidades com pessoas, organizações, logísticas e equipe e aprenda a solucionar contendas. Oseias 4.6 diz: "Meu povo foi destruído por falta de conhecimento [...]". Está implícito aqui que o conhecimento tem valor, que é algo a ser buscado continuamente. Não se trata do tipo de conhecimento cheio de si mencionado em 1Coríntios 8.1, que diz: "[...] O conhecimento traz orgulho [...]". Antes, é o conhecimento encontrado em Provérbios 1.1-7, um tipo de sabedoria prática que nos capacita a desenvolver uma abordagem sábia e habilidosa da vida. É o conhecimento baseado nas virtudes de Deus. Ele nos ajuda a ser mais amorosos, fiéis e esperançosos, e a alcançar mais pessoas para o evangelho.

Renove o compromisso de sempre aprender algo novo, não importa há quanto tempo a sua igreja existe.

Talvez esse novo conhecimento surja na sua igreja sob a forma de:

- Uma assistente administrativa aprendendo um novo programa de computador para que possa elaborar um boletim melhor.
- Um pastor associado voltando à escola para manter-se atualizado, ou um pastor mestre cursando um seminário para se tornar um comunicador mais eficaz.
- Cada membro da equipe de adolescentes frequentando conferências nacionais com regularidade a fim de conhecer as tendências mais atuais relacionadas ao ministério juvenil.
- Uma equipe de adoração trabalhando sem parar em novas canções, tomando lições avançadas de música e refinando as habilidades vocais e instrumentais.
- O conselho de presbíteros estudando livros sobre administração eficaz da igreja.
- Líderes de pequenos grupos frequentando regularmente sessões de treinamento para aprender a fomentar debates em grupo.

Sempre podemos distinguir na igreja pessoas que pararam de aprender. Elas se tornam possessivas e bairristas. Dizem coisas como: “Esta é a minha mesa, o meu grampeador, a minha sala, o meu grupo fechado de amigos, a minha área da igreja”. Por que elas são assim? Porque veem novos integrantes chegando à igreja e isso as assusta. Querem agarrar-se ao que têm, em vez de aprender novas habilidades para se tornarem cristãos excelentes e, com isso, refletir a glória de Deus ao colaborar para atrair mais pessoas para ele.

Não pare de aprender. Tome a iniciativa de descobrir novas verdades sobre você mesmo e sobre Deus. Não tema a reflexão sincera. Você descobrirá, ao cavar mais fundo, materiais a partir dos quais um grande futuro será construído.

Exercício prático: Tome de decisão de continuar aprendendo sempre.

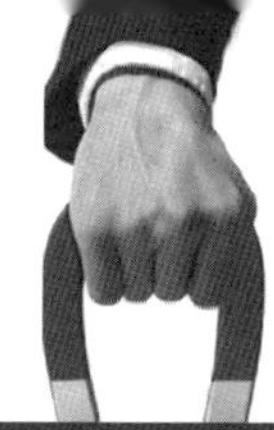

Característica 7

A IGREJA IRRESISTÍVEL PROMOVE A AUTOALIMENTAÇÃO ESPIRITUAL

O jovem pastor associado parecia exausto quando entrou no meu escritório.

— Acho que a minha temporada aqui acabou — ele anunciou.

— Por quê? — indaguei, reclinando-me na minha cadeira.

— Bem... — o jovem hesitou. — Pelo simples fato de que não estou sendo *alimentado* aqui.

Eu já ouvira essas palavras antes, proferidas por um pequeno grupo de pessoas que deixara a nossa igreja. Dessa vez, no entanto, fiquei desnorteado. Aquele homem participava da nossa equipe havia quatro anos e, se há uma tecla em que batemos sem cessar em nossa cultura de trabalho, é a da necessidade de reservar um período devocional diário. Eu sabia que ele vinha negligenciando um dos aspectos mais importantes da maturidade cristã genuína.

— Você não vem sendo *alimentado*? — pressionei. — Então me diga. Você costuma ficar a sós com Deus regularmente?

— Não tenho tempo — foi a resposta. — Ando ocupado demais.

— Quantos anos você tem?

— Vinte e oito.

— A idade do meu filho. Deixe-me propor uma hipótese. E se o meu filho chegasse para mim um dia magro e enfraquecido, com os olhos fundos, o corpo frágil, as costelas aparecendo? Digamos que ele me lançasse um olhar deprimido e, então, avisasse: "Estou indo embora desta casa".

"Mas por que você faria uma coisa dessas?", eu gostaria de saber. Ao que ele responderia: "Por que ninguém está me alimentando mais por aqui". O que você acha que eu diria ao ouvir isso?

O rapaz afundou na cadeira.

— Alimente-se sozinho? — sugeriu.

Ele conhecia a verdade. Sabia identificá-la o tempo todo, mas por algum motivo não achava necessário seguir a instrução... Até ser tarde demais. Aceitei o pedido de demissão.

Não tenho a intenção de que a história pareça dura. Aquele membro da nossa equipe queria pedir demissão e havia outros fatores em jogo, além de sua queixa por não estar sendo alimentado. Portanto, não tentei demovê-lo da ideia. Em grande parte, identifiquei-me com ele porque me lembrei da época em que me vi no mesmo lugar.

Lembrei-me de que, pouco depois de me tornar cristão, reclamei com Deus sobre a qualidade do ensino na minha igreja. Tínhamos um pregador de estilo acadêmico que com frequência me deixava mais confuso do que qualquer outra coisa. Depois de um culto de domingo, fui para um boxe do banheiro, abaixei a tampa do vaso e sentei, vestido mesmo, com a cabeça apoiada entre as mãos.

— Deus! — clamei —, *morrerei de fome* neste lugar! Não estou sendo alimentado. Estou *morrendo*.

Ouvi água escorrendo de uma torneira. O ar-condicionado zumbia um murmúrio brando. Ouvidos atentos, eu esperava ouvir a voz de Deus, de modo que continuei intercalando oração com momentos de silêncio, aguçando pouco a pouco a minha consciência da presença do Espírito Santo. Afinal, naquele boxe de banheiro, as palavras me vieram como se tivessem sido proferidas pelos lábios de Deus: *"Eu não basto?"*.

Creio que essa foi a mensagem de Deus para mim na época — *eu não basto*? Uma leve censura querendo dizer que eu estava oferecendo resistência ao melhor programa divino, a seu professor mais capacitado, o Espírito Santo.

Ele me convidava para ser seu aluno, mas eu permanecia impassível. Em vez disso, queria que outros fizessem o que só eu podia fazer... Assumir a responsabilidade por minha própria saúde e alimentação espirituais. Queria viver segundo um regime em que me alimentava apenas uma vez por semana. Não admirava que morresse de fome.

No dia seguinte comecei a leitura da Bíblia, acompanhada de oração, e a manutenção de um diário que ainda hoje me acompanha. Fui refinando esse programa com o tempo, mas o espírito e a motivação iniciais permanecem: sou o único responsável por minha maturidade espiritual. Preciso *alimentar a mim mesmo*.

Água, mesmo sem sede

A sétima característica da igreja irresistível, aquela que Deus ama abençoar, é estar repleta de pessoas que se autoalimentam. A ingestão de alimento espiritual não é responsabilidade de mais ninguém a não ser nossa. Não posso esperar que outros me alimentem. Se pretendo crescer e amadurecer, a responsabilidade por isso não é do pastor, de um presbítero ou da professora da escola dominical. Com certeza essas pessoas ajudarão a me treinar, instruir, encorajar e aguçar minhas habilidades; mas só eu sou responsável por *me* alimentar.

A ingestão de alimento espiritual não é responsabilidade de mais ninguém a não ser nossa.

Em geral não levamos a sério a subsistência da nossa alma a não ser quando já é tarde demais. Anos atrás, na escola, treinei para uma corrida de longa distância. A instrução do meu treinador foi para que eu me hidratasse em intervalos de tempo regulares, quer sentisse ou não necessidade disso. A cada 15 minutos eu devia beber quase um quinto de litro de água e ficar de olho no relógio para não violar os meus limites de hidratação.

— Mas, treinador — protestei —, e se eu não estiver com sede?

— *Preste atenção no que vou dizer* — ele começou com o olhar fixo e sério. — Se você esperar até sentir sede para ingerir líquido, *será tarde demais*. O seu corpo já terá começado a se desidratar. Você não pode dar-se ao luxo de esperar.

Salmos 46.10 nos incentiva a seguir a mesma orientação no campo do espírito. Esta passagem apresenta um convite maravilhoso para a autoalimentação — um convite *e* um método. O texto diz com toda simplicidade: "Parem de lutar! Saibam que eu sou Deus! [...]". O convite se encontra na seguinte metade desse verso curto: é preciso conhecer Deus para saber quem ele é. O método está na metade anterior: parar de lutar.

Parte importante do parar de lutar é a *solitude*. Nela reside uma das chaves essenciais para conhecer Deus. A solitude renova o coração fatigado, e ficar a sós com Deus é como a alma desgastada busca a cura. A solitude propicia a oportunidade de purificar a alma e calibrar a bússola da vida. Sem ela, podemos terminar à deriva facilmente, seguindo em direção a uma vida caótica, não examinada e inanição espiritual.

A solitude se distingue do isolamento. Este acontece quando violamos aquela. Se não tivermos a verdadeira solitude em quantidade suficiente na vida, sentiremos fome de que nos deixem sozinhos, com frequência dentro dos relacionamentos que nos são mais caros: com os amigos mais próximos, com o cônjuge e com o Senhor. Isolamo-nos sempre que tentamos alimentar a alma com o escapismo da TV, o barulho do rádio ou o excesso de tarefas, sempre esperando, na maior aflição, que a insatisfação nos deixe. Depois de nos isolarmos dessa maneira, voltamos aos nossos relacionamentos sadios ainda sem nos sentirmos realizados.

Madre Teresa disse certa vez: "Para manter a candeia ardendo, é preciso adicionar óleo o tempo todo". Temos de encher a nossa candeia do verdadeiro óleo da solitude em companhia de Deus. Esse óleo preserva o nosso coração. Refresca-nos e revigora-nos, apresentando uma perspectiva renovada para cada novo dia, tarefa e desafio.

Venha preparado para jogar

Salmos 119.23-25 nos oferece discernimento adicional sobre o processo da autoalimentação. Estes versículos nos apontam para grandes benefícios, e nos convidam a estar intrinsecamente motivados para nos encontrar regularmente com o Senhor:

> Farei dos teus mandamentos o meu caminho porque Tu alivias meu coração dos sofrimentos.
>
> Ensina-me, Senhor, a cumprir as tuas ordens escritas! Então eu Te obedecerei até o fim da vida.
>
> Dá-me capacidade de aplicar a tua Lei; assim, obedecerei a ela de todo o coração.
>
> Guia-me pelo caminho das tuas regras de conduta, pois eu fico feliz andando por ele. (*Bíblia Viva*)

Observe o primeiro verso desta passagem. Por que percorreríamos o caminho dos mandamentos de Deus? Porque ele nos *alivia o coração*. Os nossos períodos de autoalimentação regulares jamais precisam ser de trabalho duro, ou de mero cumprimento de um dever. Deus nos convida a manter um relacionamento com ele. Sua Palavra é viva e eficaz (Hebreus 4.12). Quando seguimos seus mandamentos e preceitos, os resultados são bondade, alegria e aventura.

Nossos períodos de autoalimentação regulares jamais precisam ser de trabalho duro, ou de mero cumprimento de um dever.

Quando tinha meus 20 e poucos anos, joguei futebol num colégio próximo. Meu time foi bem-sucedido durante vários anos consecutivos. Era formado por um grupo de jovens atletas habilidosos e vencedores. Os alunos se sentiam orgulhosos de pertencer ao time, e os jogadores que se candidatavam a fazer parte dele vinham motivados. Quando chegavam para treinar, mesmo no primeiro dia de uma nova temporada, entravam em campo preparados e prontos para dar o máximo.

Um deles, no entanto, apresentou-se no primeiro dia da nova temporada usando *jeans* e uma mochila nas costas.

— Não tenho certeza se quero jogar futebol — explicou. — Acho que, em vez disso, prefiro tocar numa banda. Qual a sua opinião, treinador?

— Bem — respondi devagar —, pelo que você está dizendo, sinto que seu coração está mais propenso para a banda.

Ele ergueu a sobrancelha, sem saber aonde eu queria chegar.

— Meu trabalho é ajudar você a jogar futebol — continuei —, não a tomar decisões. Caso decida ficar, posso aumentar seu nível de habilidade e ensinar-lhe padrões de jogo. Mas, até que você resolva que caminho seguir, permaneço fora de campo. Se você escolher jogar futebol, espero que venha motivado para o jogo. Portanto, se ainda não tomou essa decisão, não posso continuar a treiná-lo. Quem está aqui veio pronto para jogar.

Uma verdade dura, mas senti que a lição ficaria gravada e causaria mais impacto nele do que se eu "enchesse linguiça" com minha fala. A lição foi a seguinte: jogadores bem-sucedidos se apresentam motivados e preparados para o treino.

Aplicando a ilustração à igreja, quem precisa autoalimentar-se não se apresenta de *jeans* e mochila nas costas. Essas pessoas chegam à igreja vestidas de uniforme para jogar. Falo metaforicamente, claro. Quero dizer que elas chegam já tendo tomado a decisão de jogar. Estão motivadas a ouvir a Deus dia após dia, e mantêm essa disposição mental quando atravessam a porta da frente da igreja. Os cultos de fim de semana ajudam no treinamento.

Pense no assunto da seguinte maneira. Numa recente edição do *The American Journal of Medicine*, médicos publicaram uma conclusão bastante reveladora: a saúde dos Estados Unidos do século XXI não mais será determinada por aquilo que as pessoas conseguem levar os médicos a fazer por elas. Hoje ela é determinada por aquilo que os médicos conseguem levar as pessoas a *fazer por si mesmas.*[1] Você vê como a prescrição se aplica de igual modo a cada um de nós? Se comermos um único prato por semana composto de frango refogado sem pele e vegetais preparados no vapor, acompanhado de uma pílula de vitamina, não importa quão saudável ou agradável ao paladar seja, no longo prazo acabaria tornando-nos fracos e subnutridos.

Pessoas que se autoalimentam estão motivadas a ouvir a Deus dia após dia, e mantêm essa disposição mental quando atravessam a porta da frente da igreja.

Refeições diárias podem mudar tudo isso. Alimentar-se regularmente da Palavra de Deus deixa os santos robustos, saudáveis — o único tipo que fará diferença neste mundo.

A responsabilidade — e a alegria — da autoalimentação é nossa. Na passagem do livro de Salmos que lemos antes, Deus nos convida a *fazer dos seus mandamentos o nosso caminho, porque ele nos alivia o coração.* O nosso trabalho, portanto, é amarrar o laço dos nossos tênis de corrida e sair pelo caminho com toda energia, preparados para as coisas boas que estão à nossa frente.

Inabaláveis

Quando nos alimentamos regularmente da Palavra de Deus, ela nos ajuda a conhecer o Pastor na intimidade. A nossa vida adquire um ritmo estável e constante. Embora as tempestades ameacem e invistam contra nós, permanecemos confiantes na bondade de Deus, imutável e inabalável. Quando optamos por nos autoalimentar, as palavras de Salmos 16.8 soam verdadeiras dia após dia: “Sempre tenho o SENHOR diante de mim. Com ele à minha direita, não serei abalado”.

[1] **The American Journal of Medicine**. New York: Thomson Reuters.

Conta-se a história de um *show* de talentos realizado numa pequena igreja do interior, muitos anos atrás. Duas apresentações sobressaíram na mente das pessoas naquela noite; a primeira era de um visitante da cidade, um ator profissional maduro, bem treinado na tradição shakespeariana. Adiantando-se, ele limpou a garganta e, com a voz profunda e retumbante, fez ecoar o salmo 23 pela capela. Recitou o clássico bíblico com gestos largos, postura de mestre e eloquência efusiva. Terminou sob o aplauso efusivo de uma plateia vibrante.

O pastor esperou alguns minutos, dando tempo para que a agradável sensação da experiência se espalhe. Então balançou a cabeça em direção a um fazendeiro próximo à porta dos fundos.

— Joseph, você quer ser o próximo? — convidou.

— Ora — retrucou o sitiante. — Não sei de nada.

— Claro que sabe — insistiu o pastor. — Venha para cá, Joseph.

Outros engrossaram o convite do pastor até que, por puro constrangimento, o sitiante se viu forçado a ir para frente. Remexendo-se de um lado para o outro, ele meio que murmurou:

— Ora, eu não sei muita coisa; só o que me passa pela cabeça é recitar o mesmo salmo que esse homem recitou. Não sou muito de leitura, e o salmo 23 foi o único que aprendi de cor. Receio que esse homem ganhará de lavada.

— Bem, compartilhe-o de novo, então — encorajou o pastor, e logo outros faziam eco ao incentivo.

O sitiante devia ter uns 60 e poucos anos. Tempos difíceis se impuseram a sua vida e sua pequena porção de terra, mas ele permaneceu fiel e afável. Um homem que nunca reclamava de nada. Engolindo seco, ele gaguejou e deu início a uma paráfrase toda própria.

— O Senhor é meu pastor e, por causa disso, acho que tenho tudo de que preciso. — Enveredando por uma rota lateral, continuou: — Todos aqui sabem que minha querida esposa morreu há seis anos. Quando Helen se foi, pensei que não seria capaz de continuar sem ela. Mas Deus nunca me deixou; pelo contrário, ele me lembrou o tempo todo de que eu haveria de me sair *muito bem*. Disse que estaria presente para apoiar a mim e aos garotos, e ele tem feito isso mesmo.

O sitiante fez uma pausa para pensar em que versículo parara e então prosseguiu:

— Ele me faz deitar em pastos verdejantes. Conduz-me para além de riachos tranquilos. Restaura a minha alma. Leva-me... — Seus pensamentos foram interrompidos por mais uma lembrança. — Todos aqui sabem que, quando a guerra começou, os meus meninos quiseram se alistar. A partida foi o último dia em que os vi com vida. Hoje administro o sítio sozinho... Mas o Senhor vai diante de mim e prepara minha mesa. Nunca fico sozinho de verdade. Não mesmo. E, quando acho que não me sobrou grande coisa, meu cálice sempre transborda.

— Certamente a bondade e a misericórdia dele me seguirão, e eu anseio habitar na casa do Senhor, e sei que ela será minha casa também, e da minha esposa e dos meus meninos... para sempre.

Conhecer sobre Deus e conhecê-lo
pessoalmente estão a galáxias de distância.

Sem ninguém perceber, um profundo silêncio de respeito encheu a sala, a única reação possível naquele momento. O tipo de silêncio que acontece quando você não sabe o que fazer, então opta por não fazer nada. Joseph permaneceu sentado e ninguém se mexeu. Por fim, lentamente, o ator profissional abriu caminho até a frente outra vez. Parando um instante como se buscasse as palavras adequadas para quebrar aquele silêncio, disse:
— Posso conhecer o Salmo do Pastor, mas este homem — e apontou para o sitiante —, conhece o Pastor, e isso faz toda a diferença.

Conhecer sobre Deus e conhecê-lo pessoalmente estão a galáxias de distância. O primeiro pode resultar em notoriedade ou mesmo fama, mas o segundo gera *profundidade*. Reconheça a diferença e escolha bem. Essa única decisão fará toda a diferença.

Exercício prático: Aprenda a se autoalimentar.

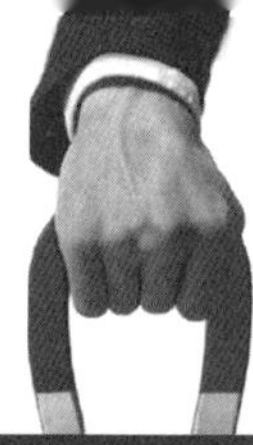

Característica 8

A IGREJA IRRESISTÍVEL RELACIONA TUDO À ALMA

A Bíblia ensina que o céu nos reserva visões e sons capazes de assombrar até a imaginação mais indômita e de nos manter reverentes por toda a eternidade. Pessoalmente, mal posso esperar para conversar com o rei Davi ou caminhar com Enoque. Quero conhecer os arcanjos Miguel e Gabriel, ver como Deus criou os céus, as constelações como Órion e Plêiades e outras maravilhas como uma supernova e a aurora boreal. Durante o primeiro milhão de anos mais ou menos, tenho certeza de que ficaremos fascinados, em estado de estupefação diante de tantas coisas que nos roubarão o fôlego. Seremos hipnotizados pelas ruas de ouro, pelos querubins, serafins e santos de outras eras. E tenho certeza de que passaremos anos pondo a conversa em dia com seres amados que não vemos desde que se foram.

O que fará nosso coração bater descompassado, porém, serão as nuvens se abrindo e o toque de uma trombeta vindo do céu. O Cordeiro de Deus acolherá os gritos e clamores de milhões de redimidos. O Prometido entrará em meio a uma explosão estelar que levará até os anjos a protegerem os olhos de tão intenso brilho.

Lembro-me do antigo hino cujos versos dizem:

> Quando chegarmos ao céu,
> Que dia de regozijo será!
> Quando virmos Jesus,
> Cantaremos e clamaremos a vitória![1]

[1] Tradução livre de HEWITT, Eliza E. **When We All Get to Heaven**. Domínio público, 1989.

Contemplaremos tantas visões maravilhosas e tantos cenários magníficos que levaremos séculos apenas para superarmos a sensação inicial. No entanto, de todos os trilhões de surpresas, há algo especial que jamais veremos outra vez por toda a eternidade.

Nunca veremos um não cristão.

Neste exato momento, nesta vida, temos a oportunidade única de apresentarmos as pessoas ao Perdoador. Nosso tempo de vida consiste na possibilidade única de desempenharmos um papel ativo no plano de salvação de Deus para os outros. Somos convidados a firmar uma parceria com o Redentor a fim de apresentarmos as boas-novas de maneira criativa a quem mais precisa dele.

Sempre juntos

A oitava característica da igreja irresistível, aquela que Deus ama abençoar, é o fato de ela relacionar tudo o que faz à alma. Isso quer dizer que cada função da igreja está relacionada à missão de, em algum lugar, de alguma maneira, salvar o perdido e ajudar as pessoas a crescer na fé. A igreja não é uma simples subcultura dotada de música, moda, dieta e filmes próprios. Fomos chamados a ser uma contracultura, e temos de assumir esse nosso papel a fim de sermos sal. Não podemos acomodar-nos à condição de comunidade de pessoas que se aglomeram em torno de uma causa comum. Nosso trabalho se reveste de seriedade e propósito devido às consequências eternas. Deus nos convida a amar, a servir e a obedecer, e parte da aventura de segui-lo significa ajudar as pessoas a encontrarem o caminho até o Senhor.

No começo do nosso ministério, resolvemos dar grande ênfase em ganhar almas para Cristo. Queríamos ser uma "igreja da colheita", que vê grandes quantidades de pessoas se voltando do desespero e da escuridão para a vitória, a força e a confiança, com base na obra de Jesus sobre a cruz. De todas as atividades nobres com as quais poderíamos envolver-nos, queríamos ser conhecidos por uma coisa: ajudar as pessoas a encontrarem o caminho para o Salvador. Podemos não ser os melhores na realização de eventos sociais ou conferências eclesiásticas, nem ter prédios lindos com orçamentos impressionantes. Mas, no final, o que mais importará serão as almas redimidas.

> No final, o que mais importará serão as almas redimidas.

Diante disso, criamos intencionalmente uma cultura que ajuda pessoas a relacionarem tudo à alma. Fazemos isso sem apologia e de maneira tanto formal quanto informal. Por exemplo, nos primeiros anos da New Hope, lembro-me de conversar com um dos nossos voluntários maravilhosos que chegou cedo uma manhã para ajudar a arrumar as coisas. Na época, nossos alto-falantes ficavam presos a suportes que eram erguidos manualmente até a altura apropriada, de modo que o som pudesse ser projetado sobre a congregação e sua dispersão fosse otimizada. No momento em que o voluntário finalizava essa tarefa, dirigi-lhe uma pergunta simples: — Você sabe o que está fazendo?

— Ajustando o alto-falante — foi sua resposta.

— Mesmo? — retruquei. — Só isso?

— Sim, só — ele repetiu. — Há seis meses faço isso toda semana.

— O que você acharia se eu lhe dissesse que está fazendo muito mais?

Ele se voltou para mim com ar de gracejo e disse: — Está bem, agora o senhor conseguiu prender a minha atenção, pastor. O que exatamente estou fazendo?

— Você está possibilitando a alguém que nunca esteve aqui ouvir o evangelho com clareza e sem distração, talvez pela primeira vez na vida — respondi. — Graças aos seus esforços, quando esse alguém responder positivamente a Cristo... Quando ele levantar a mão para dizer sim à oferta divina de perdão e salvação, todos nos regozijaremos com ele. Por quê? Porque não terei sido eu a levá-lo a Cristo... *Nós o faremos juntos!*

Ele se abriu num enorme sorriso.

— Entendo o que o senhor quer dizer.

— Obrigado por seu trabalho ajudar a levar pessoas a Cristo.

Estendi minha mão, que ele tomou nas suas, e nós nos cumprimentamos.

Saí do auditório e fui até nossa ala infantil. Encontrei ali uma jovem que estudava teologia no Pacific Rim Bible College. Ela trabalhava voluntariamente no berçário, como parte do seu programa de estágio remunerado.

— O que você está fazendo? — perguntei.

— Ora, estou trocando uma fralda — ela respondeu. Depois de me estudar por um instante, deu voz ao que lhe ia pela cabeça: — Que pergunta estranha, não, pastor? O senhor tem filhos. Com um mínimo de atenção, qualquer um é capaz de reconhecer o que estou fazendo.

— E se eu dissesse a você que na verdade você não está apenas trocando uma fralda? — insisti.

Ela franziu o nariz.

— Continuarei afirmando com toda certeza que estou fazendo isso.

— Não é verdade.

— Então diga-me, pastor, o que estou fazendo — ela pediu com um sorriso divertido, segura de que algo estava por vir, mas sem saber exatamente o que seria.

— Você está possibilitando a uma jovem mãe confiar o filho aos cuidados de outra pessoa. E, graças a isso, ela pode ouvir o evangelho sem ser distraída pelas necessidades constantes do bebê. No fim do culto, quando ela abrir o coração para Cristo, eu não a terei levado a Cristo... *Nós o faremos juntos!*

Ela sorriu.

— Obrigado por seu trabalho ajudar a levar pessoas a Cristo — eu disse.

Estendi a mão para ela, mas, em vez de apertá-la, ela me abraçou.

Existe uma conexão em cada função

Você já parou para fazer um exame atento de cada função da sua igreja sob a ótica da missão que ela cumpre? Por exemplo:

- Piqueniques, acampamentos e churrascos planejados pela igreja nunca são fins em si mesmos. Servem sempre como meio para algo eterno.
- A recepcionista que aperta a mão das pessoas que entram pela porta da frente faz muito mais do que dizer olá. Ajuda a criar uma atmosfera amigável e descontraída que motiva quem chega a ficar mais receptivo ao evangelho.
- A igreja que organiza um time de futebol e joga com a comunidade está fazendo muito mais do que simplesmente praticar um esporte. Está conectando pessoas a outros cristãos para ajudar a ganhar almas para Cristo.
- Um programa de jovens é mais do que um lugar para os jovens da igreja se encontrarem e se divertirem. É uma oportunidade intencional de discipulado.
- O voluntário que prepara o café a cada manhã de domingo faz muito mais do que providenciar alimento. Ajuda a aquecer corações, preparando-os para ouvir o evangelho.

Geralmente, no entanto, não vemos a extensa lista de cristãos com quem o não cristão teve contato antes de se decidir.

Tudo está relacionado. Não é uma pessoa isolada que leva alguém a Cristo. Ela pode orar pelo outro eventualmente, ou compartilhar a mensagem do evangelho diretamente, ou entregar a mensagem da salvação e obter uma resposta de seu interlocutor. Geralmente, no entanto, não vemos a extensa lista de cristãos com quem o não cristão teve contato antes de se decidir. Todos os passos ao longo do caminho são importantes. A Grande Comissão, encontrada em Mateus 28.18-20, é um chamado ao mesmo tempo coletivo e individual.

Nunca devemos perder de vista o nosso verdadeiro propósito como cristãos. Nunca devemos operar como se nosso papel fosse convencer vezes e mais vezes quem já se convenceu. Creio que, quando chegar o meu dia de ficar diante do trono de Deus no céu, ele me fará uma pergunta específica. Seu interesse não será quão excelente era o nosso coral. Não me perguntará sobre a popularidade dos alimentos improvisados que servimos, nem sobre o tamanho e o orçamento do nosso programa de construção da sede. Ele fará uma pergunta importante: "Quantos dos meus filhos você trouxe para casa?".

Nossa hora é agora. Não teremos outra oportunidade nesta vida. A igreja irresistível nunca se esquece de sua obrigação. Nossas energias, nossas atividades, nosso planejamento e nossas ações devem de alguma forma, em algum lugar, estar sempre relacionados à alma de alguém.

Anos atrás, um pastor amigo participava de uma reunião de conselho em que um dos principais itens a serem discutidos era se eles deviam ou não instalar cinzeiros perto de uma das portas de entrada da igreja.

Quem se opunha à ideia acreditava que o santuário era um lugar sagrado. Se colocassem cinzeiros perto da porta, estariam sugerindo que fumar era uma prática aceitável. A ênfase era em manter o prédio da igreja arrumado, distinto e respeitável.

Os favoráveis à ideia reconheciam que pessoas necessitadas de um Salvador acorriam à igreja, e algumas delas fumavam. A ênfase era em acolher os não cristãos com o propósito de ajudá-los a encontrar a Cristo.

Uma linha de raciocínio conectava os fatos a um prédio.

A outra linha de raciocínio conectava os fatos à alma.

Você percebe a diferença?

A estação salva-vidas

Um sacerdote episcopal chamado dr. Theodore O. Wedel escreveu uma curta parábola em 1953 que, em minha opinião, o Senhor tem usado poderosamente ao longo dos anos para ajudar cristãos a enxergarem a verdadeira função da igreja. Embora citada com frequência, considero o tema da parábola tão importante que não quero que nos esqueçamos da verdade nele contida.

Numa perigosa região costeira, na qual sempre aconteciam naufrágios, havia uma pequena e incipiente estação salva-vidas. A construção era pouco mais que uma barraca e contava com apenas um barco, mas os poucos salva-vidas dedicados mantinham o mar sob vigilância constante. Sem pensar no próprio conforto, saíam dia e noite, incansáveis, em busca de náufragos. Alguns que foram salvos por eles, e várias outras pessoas dos arredores, quiseram associar-se à estação, de modo que lhe dedicaram tempo, dinheiro e esforços no apoio ao trabalho ali desenvolvido. Novos barcos foram comprados e novas equipes, treinadas. A pequena estação cresceu.

Alguns integrantes da estação salva-vidas sentiam-se infelizes trabalhando em uma construção tão rude e mal equipada. Achavam que o primeiro refúgio dos resgatados deveria ser um lugar mais confortável. Substituíram os catres de emergência por camas de verdade e colocaram mobília melhor no prédio ampliado.

Agora a estação salva-vidas se tornara um local de reunião popular para seus integrantes, que a decoraram lindamente, já que passaram a usá-la como uma espécie de clube. Menos membros da equipe se interessavam em sair para o mar em missões de resgate, de modo que contrataram salva-vidas para realizar o trabalho. Na decoração do clube ainda prevalecia o motivo de salvar vidas. Havia até um barco salva-vidas litúrgico na sala em que as recepções do clube ocorriam. Mais ou menos nessa época, um navio foi a pique na costa. Os salva-vidas contratados trouxeram barcos e mais barcos cheios de gente gelada, molhada e semiafogada. Todos estavam sujos, feridos ou doentes. O belo clube novo virou um caos. Então o comitê encarregado mandou construir chuveiros do lado de fora das instalações, nos quais as vítimas do naufrágio podiam limpar-se antes de entrarem.

Na reunião seguinte, houve uma divisão entre os sócios do clube. A maioria desejava suspender as atividades de salvar vidas por considerá-las desagradáveis, um estorvo para a vida social do clube. Alguns sócios insistiam que salvar vidas era seu propósito primário e salientavam que eles ainda eram chamados de estação salva-vidas. Mas acabaram sendo vencidos e tendo de ouvir que, se quisessem salvar a vida de todo o tipo de gente que se afogava naquelas águas, que começassem a construir sua própria estação salva-vidas. Foi o que fizeram.

Com o passar dos anos, a nova estação sofreu as mesmas transformações que tinham acontecido com a antiga. Evoluiu para um clube, e mais uma estação salva-vidas foi inaugurada. A história continuou a se repetir e, se você visitar aquela parte do litoral, encontrará diversos clubes exclusivos ao longo da costa. Os naufrágios continuam frequentes naquelas águas, mas a maioria das pessoas se afoga.[2]

Que relacionemos tudo sempre à alma, e ajudemos as pessoas a encontrarem o caminho para Cristo.

Incentivo todos nós a escancararmos as portas da nossa estação salva--vidas, a mantermos vigilância constante do mar e a sairmos dia e noite para o mar aberto, na busca incansável por náufragos. A igreja é o lugar para acolher quem mais precisa de Cristo. Que relacionemos tudo sempre à alma, e ajudemos as pessoas a encontrarem o caminho para Cristo.

Exercício prático: Relacione tudo à alma.

[2] Wedel, Theodore O. "Evangelism — the Mission of the Church to Those Outside Her Life" in **The Ecumenical Review**. 24 out. 1953.

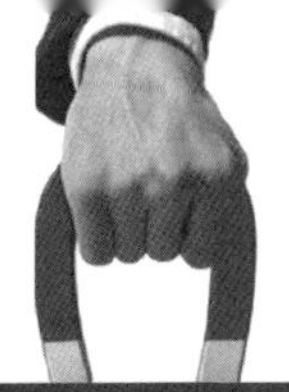

Característica 9

A IGREJA IRRESISTÍVEL ESCOLHE AMAR

Você pode chamar-me de preconceituoso no que se refere ao meu amor pelo povo e pela cultura havaianos. Venho de uma longa linhagem de antepassados em que se misturaram portugueses, japoneses e havaianos. Meu bisavô era *luna*, ou capataz, na área de Parker Ranch, em Waimea, na qual, muitos anos depois, Anna e eu implantamos uma igreja. Só temos uma fotografia em preto e branco dele com sua camisa xadrez *palaka*, de uso típico de quem trabalhava em fazenda.

Nossos cultos em Waimea foram realizados nas noites de domingo durante quase dois anos, até que instalamos um pastor em período integral ali. Anna e eu saíamos de Hilo nas tardes de domingo e viajávamos de carro ao longo da costa de Hamakua. Lembro-me do perfume adocicado da cana-de-açúcar recém-cortada no ar úmido e denso. Às vezes eu ia para lá de motocicleta e passava por pequenos canteiros do pungente gengibre que crescia selvagem ao longo da estrada. Um corredor de fragrâncias diferentes enchia o ar por quilômetros. Hoje, tantos anos depois, as lembranças ainda me acompanham onde quer que eu vá por essa mesma estrada.

O ar fresco e floral do Havaí energiza as pessoas. Sua beleza natural, de tirar o fôlego, traz renovação. O traço singular que traz as pessoas de volta à ilha, porém, é o povo. A cordialidade dos residentes serve de maravilhoso complemento à temperatura perfeita das ilhas. Uma mistura única de nacionalidades e idiomas cria um tempero distinto, todo próprio, no momento em que Ocidente e Oriente se fundem para produzir algumas das pessoas mais belas do planeta.

Aprendi a amar o povo destas ilhas. No entanto, grande parte desse amor foi uma escolha. Nem sempre vivi aqui. Recebi minha educação e minha experiência inicial de ministério no noroeste do Pacífico — e aquela região do país também é linda, mas diferente. Optamos por voltar ao Havaí há mais de vinte e sete anos. Diversos motivos atrapalharam nosso retorno ao lar, mas o amor pelos ilhéus nos compeliu. E, não importa para onde eu viaje, esse amor que veio ao meu encontro quando aqui cheguei nunca mais foi embora.

Esse amor pelas pessoas, até o amor por uma região do país, é obrigatório para uma igreja ser bem-sucedida.

Como você mediria o amor da sua igreja pela comunidade em que ela está inserida?

Força para a jornada

A nona característica da igreja irresistível, aquela que Deus ama abençoar, é que ela ama as pessoas da sua comunidade, bem como o chamado para alcançá-las.

Você já parou para pensar que poderosa força motivadora é o amor? Lembro-me de um treinador de corrida *cross-country*[1] que instilou em mim o amor por esse esporte muitos anos atrás. (Sinto-me na obrigação de admitir que, de lá pra cá, meu amor esmoreceu um pouco!) Quando me juntei à equipe, perguntei-lhe o que era necessário para participar de grandes corridas. Comprar um bom par de tênis? Escolher *shorts* de *spandex*?[2] Ou quem sabe um relógio esportivo com múltiplas funções?

"Nada disso", ele respondeu. "Sua necessidade número um é uma só: *amar correr*. Tire proveito do céu aberto. Corra ao nascer do sol pela manhã, ou no pôr do sol de tarde. Encha os pulmões de ar fresco. Desvie do percurso por um parque em que nunca esteve antes. Se você correr só para ganhar competições, logo se cansará disso, mas se correr porque ama correr, correrá, e correrá, e correrá."

1 Corrida em campo aberto. [N. do R.]

2 Tipo de fibra usada na fabricação de tecidos elásticos. [N. do R.]

Quando amamos alguém em profundidade, servimos de coração alegre.

O mesmo princípio vale para a vida cristã. Existem muitos fatores capazes de motivar alguém a servir a Cristo. Alguns deles (como a culpa) são bem-sucedidos, principalmente em criar frustração ou um falso senso de dever. Mas 2Coríntios 5.14 nos mostra o caminho mais excelente: "[...] O amor de Cristo nos constrange. [...]". O conceito tanto nos liberta quanto nos investe de poder. Quando amamos alguém em profundidade, servimos de coração alegre. Nossos atos são caracterizados por uma paixão sustentável — que não resplandece nem se apaga rápido demais.

Esse tipo de amor é descrito em 1Coríntios 13. Ele se caracteriza pela paciência, pela gentileza, pela bondade e pelo serviço. Um sinônimo para esse tipo de amor é *compaixão*. Um amor que serve os necessitados, o tipo de amor com tanta frequência demonstrado por Cristo. Por exemplo, Mateus 20.30-34 registra esta história maravilhosa:

> Dois cegos estavam sentados à beira do caminho e, quando ouviram falar que Jesus estava passando, puseram-se a gritar: "Senhor, Filho de Davi, tem misericórdia de nós!".
>
> A multidão os repreendeu para que ficassem quietos, mas eles gritavam ainda mais: "Senhor, Filho de Davi, tem misericórdia de nós!".
>
> Jesus, parando, chamou-os e perguntou-lhes: "O que vocês querem que eu lhes faça?".
>
> Responderam eles: "Senhor, queremos que se abram os nossos olhos".
>
> *Jesus teve compaixão deles* e tocou nos olhos deles. Imediatamente eles recuperaram a visão e o seguiram.

A compaixão de Cristo o impulsionou a realizar um milagre. Essa operação do amor é uma força poderosa.

Comece com o amor

E se você ou a sua igreja não tiverem esse tipo de amor pelo chamado e pela comunidade? O que fazer?

Um dia, recebi o telefonema de um homem que vinha considerando a possibilidade de se mudar para o Havaí a fim de iniciar uma nova igreja. Marcamos de tomar o café da manhã juntos num local conhecido da região, o Sam Choy's, na rodovia Nimitz. Sentamos e fizemos nossos pedidos. Eu, o meu predileto: linguiça portuguesa, ovos e arroz. Ele quis mingau de aveia. Acho que eu também deveria comer esse tipo de coisa, mas a minha dieta só começava no dia seguinte. Trocamos amabilidades e então ele começou:

— Sirvo uma denominação que não tem uma igreja que a represente nas ilhas — disse. — Estão dispostos a investir uma quantia considerável para iniciar um trabalho aqui, por isso pediram que me mudasse para cá e tomasse a frente desse projeto. O que você acha?

— Muito bom da parte deles investir tanto dinheiro numa nova igreja — respondi. — Deixe-me fazer uma pergunta: Vocês amam o povo asiático e polinésio?

— Ó, eles receberam o melhor lugar do mundo para viver, não foi? O Havaí é imbatível! E os meus filhos adoram as praias.

— Concordo de todo o coração! — retruquei. Então repeti: — Mas vocês amam o povo?

— Sim, adoro o modo como se reúnem em famílias nos finais de semana na praia. Ora, de onde eu venho, passamos seis meses encolhidos dentro de casa, esperando a primavera chegar!

Eu ainda não estava convencido de que ele compreendia de fato minha pergunta, de modo que repeti mais uma vez:

— Mas vocês amam o *povo* daqui? — Fiz questão de dizer a palavra *povo* com ênfase e lentamente.

— O que você quer dizer com isso? — ele respondeu. Dava para perceber que agora ele começava a lutar com a pergunta.

— O povo daqui merece ser amado em profundidade — expliquei. — Você conhece os costumes deles? Conhece a história das ilhas? Sabia que eles tiram cochilos no parque e às vezes param no meio da rua para conversar com um amigo que não veem há algum tempo? Você gosta de *kimchi*? E de *poi*? Já experimentou *haupia*? Estaria disposto a provar um pouco de *lumpia*?

O homem olhava fixo para mim como se eu falasse em língua estranha.

— Tenho certeza de que gostarei da comida deles. Na minha terra, temos um restaurante chinês em que comemos de vez em quando.

Sorri, pensei um instante e disse: — A verdade é que não precisamos de mais uma igreja aqui. — Ele me lançou um olhar de incredulidade que me fez avançar logo para o próximo ponto. — Mas sempre se pode fazer bom proveito de mais líderes cristãos que optem por amar o povo havaiano. Aqui vai a minha opinião, se é que ela vale alguma coisa: não inicie a igreja ainda. Primeiro, pendure o mapa do Havaí na sua parede e ore pelas cidades; caminhe pelas avenidas e aprenda a pronunciar o nome das ruas. Dedique algum tempo a conhecer o povo. Aprenda a amá-lo pelo que ele é. Adore as comidas que comem, os costumes que praticam e o jeito como vivem. O único motivo para vir ao Havaí deve ser para amar o povo em nome de Cristo; não por um trabalho, não para cumprir as expectativas de uma denominação, não pelo clima. Mas, se vier para amá-los, eles também passarão a amar você.

Meu conselho foi inútil — além de tardio. As engrenagens já estavam em movimento. Dois meses depois, aquele homem se mudou para o Havaí. Deu o seu melhor para satisfazer as exigências da denominação à qual servia. Três anos mais tarde, no entanto, as portas da igreja novata foram fechadas, e o pastor teve de usar a passagem de volta para retornar de uma vez por todas ao continente.

Percorrendo o mapa

A igreja deve ministrar por amor — primeiro pelo amor de Cristo, depois pelo amor por sua comunidade. Esse mandamento tem paralelo com os ensinamentos de Cristo. Mateus 22.35-40 registra a história. Um perito na Lei perguntou a Jesus qual era o maior mandamento. Jesus respondeu: " 'Ame o Senhor, o seu Deus de todo o seu coração, de toda a sua alma e de todo o seu entendimento'. Este é o primeiro e maior mandamento. E o segundo é semelhante a ele: 'Ame o seu próximo como a si mesmo'. Destes dois mandamentos dependem toda a Lei e os Profetas".

Amar a Deus.

Amar ao próximo.

A igreja deve ministrar por amor — primeiro pelo amor de Cristo, depois pelo amor por sua comunidade.

Verdades simples. Todavia, tudo mais gira em torno dela. Se alguém se limita a frequentar a igreja por querer um lugar seguro para que sua família aprenda sobre Deus, ou se ministra para o vizinho porque o pastor lhe disse para fazê-lo, ou se serve comida aos sem-teto porque julga injusta a distribuição de recursos do mundo, ou se frequenta um grupo de jovens porque deseja um lugar divertido para ir enquanto seus pais assistem aos cultos da igreja, é certo que esse ministério ou essa ação acabará minguando com o tempo. A maior — e mais sustentável — motivação para o ministério deve ser o amor. Precisamos servir porque amamos a Deus e amamos os outros. Sem amor, não teremos o ímpeto, a força ou a energia necessários para correr o risco no longo prazo.

Isso é verdade em muitas áreas da nossa vida. Pense no assunto do seguinte modo: se você ama determinada atividade, tem tempo e energia para ela. Por exemplo, outro dia eu estava relaxando no sofá de casa após um longo dia de trabalho. O cansaço era tanto que não conseguia me mexer. Até que, de repente, pensei: *Não saio com minha motocicleta há algumas semanas. Vou dar uma volta no lago*. Com motivação renovada, pulei do sofá e saí para o passeio. Encontrei a energia necessária porque amo pilotar minha motocicleta, e meu amor por andar de moto superou o desejo de usufruir do sofá.

Na verdade, antes de ir a Honolulu implantar uma igreja, segui o conselho que um dia daria ao homem com quem tomaria café, encarregado de implantar uma igreja para sua denominação. Pendurei um mapa de 1,5 metro por 3 metros na parede do meu escritório. Todo dia, durante seis meses, postei-me diante daquele mapa. Na minha cabeça, percorri ruas e orei pelo povo. Desenhei as ruas com o dedo até começar a chorar pelas pessoas que viviam naquelas áreas. Nem as conhecia, mas percorri as ruas de Honolulu antes mesmo de me mudar para lá. Vi o povo, vi suas necessidades, imaginei sua dor e experimentei sua frustração. Ao divisar determinado local no mapa, por exemplo, uma região em que se lia *County Housing*, eu orava em favor de cada habitante da cidade que interagia com aquele ponto do mapa. Com o tempo, Deus me deu paixão e empatia reais pelo que as pessoas naquela área estavam passando.

O amor genuíno transforma o que cremos em como vemos.

Aplique este princípio a qualquer área da sua igreja. Façamo-nos algumas perguntas difíceis:

- Você frequenta a igreja regularmente porque ama de verdade a Deus e ao povo? Ou está tentando conseguir alguma coisa da igreja?
- Você ministra em uma área específica porque sente um amor profundo por Cristo e pelo povo que está sendo servido por esse ministério?
- O amor por Cristo e o amor pelo povo orienta quem detém o poder de tomar decisões e executar projetos na sua igreja? Você sente que vários programas e ministérios são baseados em amor?

O amor genuíno monitora o nosso coração e controla a nossa motivação. Governa nossos atos e apara o que está com problemas. Transforma em vida a nossa crença. Tapa o vão da incoerência e exige com veemência que pratiquemos aquilo que declaramos crer.

Por favor, não pare

Acho que, quanto mais velho fico, mais quero fazer apenas o que amo. Isso não quer dizer que faço pouco, ou que seja exigente. Significa apenas que quero pôr mais o meu coração em tudo o que faço. Se for chamado para realizar um projeto, orarei para que o Senhor o ponha no meu coração. Todos os outros motivos para servir tendem a me deixar cansado e superficial.

Não quero dar a entender que ignoro a obediência a Deus. Às vezes o Senhor nos chama para servirmos por amor, e às vezes ele nos dá tarefas claras, pedindo que obedeçamos independentemente de qualquer coisa. As histórias bíblicas de Moisés e Jonas se enquadram nesse perfil. Moisés foi chamado a liderar os filhos de Israel à terra prometida, mas pediu a Deus que enviasse outra pessoa. Jonas foi chamado para falar a verdade aos ninivitas, mas, em vez disso, correu para o lado contrário. Tempos mais tarde, tanto Moisés quanto Jonas responderam em obediência, mas, mesmo então, ambos pareceram servir com relutância. Com certeza haverá ocasiões como essas em que Deus testará nossa obediência.

Às vezes Deus nos dá tarefas claras, pedindo que obedeçamos independentemente de qualquer coisa.

Se isso caracteriza a época que você está vivendo agora, por favor, saiba que você não está só. Há uma grande nuvem de testemunhas a rodeá-lo. Sua obediência a Deus é uma expressão de amor, e Deus o sustentará por todo o período, por mais longo que seja.

Sirvo à igreja que sirvo hoje por amor. Contudo, houve tempos em que eu parecia servir mais por obediência do que por outro motivo. Seja como for, Deus me tem sustentado. Às vezes as recompensas também são vistas com clareza. Vários anos atrás, recebi uma das melhores cartas de todos os tempos de alguém da minha congregação. O remetente fez questão de manter-se anônimo e, embora eu nunca tenha sabido quem era o autor, serei sempre grato pelo presente. A carta está emoldurada no meu escritório e me lembra todos os dias de que o amor converte crença em convicção e transfere o que me vai pelo coração ao que ocupa meus sapatos. Apresento-a aqui em homenagem a todos os que servem ao Senhor por amor e obediência. É possível que você também pudesse escrever seu nome no espaço reservado ao destinatário do envelope.

Eis um trecho:

> Ao convidar Jesus para entrar no seu coração, *você investiu em mim*. Quando respondeu sim ao chamado, você investiu em mim. Quando resolveu ser leal à sua esposa, investiu em mim. Quando deixou Deus transformar em vitórias as derrotas, investiu em mim. Quando se recusou a fazer concessões, investiu em mim. Por todos os iguais a mim na igreja e pelo mundo afora, obrigado por continuar a doar sua vida. Por favor, não pare. Você está incentivando cada um de nós a fazer a mesma coisa.

Exercício prático: Ore por amor; em seguida, deixe que o amor impulsione seu ministério.

Característica 10

A IGREJA IRRESISTÍVEL SE ARRISCA

Você já lutou com Deus por sentir que ele queria que você corresse algum tipo de risco?

Anos atrás, quando eu estava em Hilo, senti o Senhor me dizer para começar tudo de novo. Minha primeira reação foi declarar que eu não queria. Eu tinha 42 anos, passara onze anos em Hilo e, de um punhado de santos, ajudara a construir uma congregação de mais de 2 mil membros. Meu coração estava com o povo, o local e o trabalho ao qual eu me dedicava por todo aquele tempo. O meu envolvimento em Hilo era profundo. Eu não tinha a menor intenção de ir embora.

Lutei por cerca de um ano com Deus. Questionava se eu não estaria interpretando errado sua voz. A experiência me lembrou de que há sabedoria em explorar determinada mensagem para verificar se ela é segura, de modo que me aconselhei com um dos nossos presbíteros. Ele me orientou a insistir por confirmação.

"Se você descobrir que a mensagem é falsa, tudo bem — disse ele. — Significa que você ficará aqui. Mas se for verdadeira, tudo bem também — porque o Reino só se beneficiará se você for e implantar uma igreja em outro lugar."

Desse modo orei, jejuei e li a Palavra de Deus. Busquei o conselho de outros cristãos sábios. Conversei com a minha esposa à exaustão. Passado mais ou menos um ano, a mensagem era clara — a mesma que eu vinha escutando o tempo todo. No meu coração, eu sabia que Deus desejava que me mudasse para 400 quilômetros ao norte e recomeçasse do zero.

Eu implantaria mais uma igreja, novamente chamada New Hope, mas seria um trabalho completamente novo.

Consciente de que a mensagem era verdadeira, quis compartilhá-la com uma sábia integrante do conselho, Marie, e com seu marido. Eles vieram à nossa casa depois do culto e ficaram aguardando a minha chegada dentro do carro. Estacionei, desci e fui para o lado do carro deles em que estava Marie. Inclinei-me sobre a janela e expliquei a angústia que vinha experimentando. Na mesma hora ela retrucou: "Não, você não está pronto. Está sendo prematuro. A igreja ainda não está preparada para vê-lo ir embora".

Marie parecia inflexível. Mas então, quase como se tivesse sido atingida por algo invisível, ela caiu num choro incontrolável. Achei que a tivesse ofendido e perguntei se o fizera. Ela balançou a cabeça e disse: "Minhas lágrimas não têm nada a ver com você ter me ofendido ou não. Assim que proferi as últimas palavras, senti o Espírito Santo me alertando de que estava enganada. Ele revelou que algo grande está prestes a acontecer, e eu não devia me interpor no caminho dele. Talvez você veja esse mover como um grande risco, mas o céu não vê assim. Para o céu, é questão de fé apenas. Sentiremos falta de você, mas o enviaremos com nossa bênção."

As palavras de Marie permanecem na minha mente mesmo depois de todos esses anos. A interpretação dela era verdadeira e tranquilizadora: o céu define como *fé* os riscos que corremos em nome do Senhor. Podemos ver no risco algo inquietante, talvez assustador, mas, quando nos encontramos bem no centro da vontade de Deus, até o risco é seguro.

O céu define como *fé* os riscos que corremos em nome do Senhor.

Você está sentindo o chamado do Senhor para arriscar alguma coisa em prol do evangelho? Mesmo que no momento você ocupe uma posição confortável, estável e efetiva na vida, a mudança pode estar logo ali, dobrando a esquina. Você pode temer um novo começo, mas, se Deus o chamar para dar um passo à frente, não haverá caminho mais seguro para você seguir.

Aprendendo a andar

A décima característica da igreja irresistível, a igreja que Deus ama abençoar, é que ela corre riscos. Nesse sentido, risco é quando a igreja dá um passo adiante em fé para ministrar em novas iniciativas que visam a edificação do Reino. Ela responde em obediência à orientação de Deus.

Raras vezes a sensação é boa quando se arrisca algo, ainda mais no início. Sempre que uma igreja se arrisca, alguns membros consideram a ideia perturbadora, inquietante, louca até. Perguntam-se por que alguém haveria de romper o conforto e a estabilidade. À primeira vista, essa lógica faz sentido. As pessoas olham à sua volta e veem que tudo vai muito bem: os cultos de domingo acontecem sob perfeito controle, os escritórios e prédios estão bem instalados, o ministério feminino faz retiro todo outono e o grupo de jovens partirá em viagem missionária anual para o México. Por que alguém perturbaria planos como esses?

Comparo o conceito de correr riscos com o bebê que dá os primeiros passos. Imagine por instante um bebê aprendendo a andar. Durante algum tempo, ele aprende a ficar de pé apenas. Cai, fica de pé outra vez, vacila, cai de novo, torna a levantar. Por fim sente-se estável em pé. Contudo, para fazer um movimento para frente e andar de fato, tem de romper com seu equilíbrio. Todo seu esforço, por tanto tempo, agora precisa ser posto em risco pelo desequilíbrio voluntário. Só então será possível ao bebê dar o primeiro passo. Essa ruptura do equilíbrio em prol do movimento para frente é necessária para o crescimento. O bebê poderia viver feliz por longo tempo parado em um só lugar. Mas, se fizesse isso, nunca aprenderia a andar.

O mesmo vale para nós. Se a igreja opta por não correr risco, não cresce. Quando intencionalmente abalamos nosso conforto e nossa estabilidade em prol da expansão do Reino, o crescimento espiritual acontece. A igreja que se arrisca entende que a fé é viva. Nosso chamado não é para chegarmos a um destino de estabilidade, mas para percorrermos o caminho do crescimento e transformação constantes. Para vivermos pela fé, precisamos estar dispostos a romper o equilíbrio da nossa vida.

Na condução do Espírito

Veja bem, arriscar-se nunca tem a ver com um movimento do acaso, ou com a promoção da instabilidade pela pura atividade. Arriscar-se deve ser sempre uma resposta à condução do Espírito Santo — como quando ele diz: *Alargue sua tenda*, ou: *Procure alcançar esse grupo de pessoas*, ou: *Aventure-se usando este programa*, ou: *Acabe com esse programa em função de um impacto espiritual maior*, ou: *Conheça-me em profundidade como você nunca fez até agora.* Arriscar é sempre um ato de disciplina, de amor, de serviço, de adoração, de obediência e de quem segue a Deus.

Como, então, discernimos a orientação de Deus nessas questões? Com certeza, todo risco que se nos apresenta deve estar alinhado com os princípios encontrados na Palavra de Deus. O Senhor jamais nos chamará para corrermos risco numa área na qual ele estabeleceu limites claros. Por exemplo, Deus não chamaria um cristão para se arriscar e casar com um não cristão como forma de evangelismo, porque 2Coríntios 6.14 instaura uma diretriz proibitiva evidente nessa área. De igual modo, Deus nunca chamaria uma igreja para correr o risco de ensinar que Jesus não é Deus, ou que Deus é mal, porque o ensinamento é oposto ao encontrado nas Escrituras.

Uma vez que determinado direcionamento é confirmado por estar alinhado com as Escrituras, a instrução específica do Espírito Santo é discernida intuitivamente. Que sensação experimentamos quando isso acontece? Esse é o ponto em que o relacionamento com Cristo deve ser levado em consideração. Às vezes o Espírito Santo nos impulsiona para frente, fazendo-nos sentir desconfortáveis onde estamos. Inquietamo-nos com nosso estado atual ou ansiamos por algo mais. Outras vezes o Espírito Santo põe dentro de nós um desejo profundo de trabalhar com um grupo específico de pessoas, região ou ministério. Sentimos no coração de alcançar os sem-teto, ou ansiamos por ministrar em áreas de justiça social. Às vezes, acontecem eventos improváveis que parecem extrapolar a lógica da coincidência. Do nada, recebemos o telefonema de uma pessoa por quem estamos orando, ou chega uma carta com a mensagem e as palavras pelas quais temos orado.

Há quem se sinta incomodado com o lado intuitivo do nosso relacionamento com Deus por considerá-lo subjetivo demais. Alguns desejam uma fórmula, um plano a seguir, algo que garanta que tudo funcionará quando as engrenagens forem acionadas. No entanto, o Senhor nos chama para sentir sua presença intuitivamente, em conformidade com as diretrizes bíblicas. Deseja que vivamos em profunda ligação com ele cada dia. Por isso, nosso tempo diário de leitura da Bíblia, oração e reflexão é indispensável para nós como indivíduos, e também porque tempos regulares e coletivos para oração e busca da vontade de Deus são cruciais para a igreja como corpo. A igreja que se arrisca deve basear sua orientação num relacionamento genuíno com Cristo.

Com certeza nem todo risco que corremos pelo Senhor vem com a garantia de que tudo acabará como esperamos. No entanto, se nos recusarmos a correr riscos, jamais saberemos se Deus falou ou orientou. Às vezes os resultados não são os que esperamos porque interpretamos errado o direcionamento de Deus. Estamos todos aprendendo a ouvi-lo falar. Se avançarmos de coração puro a partir do relacionamento com Cristo sem que tenhamos descoberto sua orientação da forma correta, acontecerão duas coisas: (1) Deus ainda se agradará dos nossos atos porque avançamos em obediência, e (2) Romanos 8.28 entrará em operação — Deus trabalha para o bem daqueles que o amam, que foram chamados de acordo com seu propósito. Em outras ocasiões, um resultado diferente pode advir porque a definição divina de sucesso ou efetividade parece ser muito diferente do que imaginamos. A chave é a fidelidade, não a contemplação de um resultado específico.

A igreja que se arrisca deve basear sua orientação num relacionamento genuíno com Cristo.

Passos fundamentais para correr riscos

No caso da igreja, o processo de correr riscos envolve pelo menos cinco passos fundamentais. Cada um deles ajudará você a fazer do risco uma *aventura*:

1. **Comece todo risco com a palavra *imagine*.** Quando Deus começar a conduzir sua vida numa área, permita-se contemplar a possibilidade do que talvez venha a acontecer. Deixe que as palavras de Efésios 3.20 encham seu coração. Ele pode "[...] fazer infinitamente mais do que tudo o que pedimos ou pensamos [...]". Jamais comece pensando como será pavoroso, ou quanto custará, ou quem poderá ou não concordar com a ideia, ou o que as pessoas dirão — esses são assassinos de sonhos, coisas que destroem a fé e nos tornam hesitantes ao risco. Em vez disso, comece sonhando alto — *imagine como sua família poderia ser, como seu casamento poderia ser, como essa classe de escola dominical poderia ser*. Sonhe com o melhor cenário que você é capaz de imaginar. Quando sonhamos grande, Deus pode dizer: *Bom, fico contente que você tenha imaginado seu melhor cenário ideal, porque meu sonho é ainda melhor.*

2. **Dê forma ao sonho visualizando todo o potencial.** Uma vez que tenha o sonho imaginado, os detalhes do sonho começam a tomar forma. Geralmente, a pessoa que você é ou a igreja em que está agora não é capaz de realizar de verdade um sonho grande. Se a visão se estender à sua frente e parecer enorme a ponto de você chegar a considerá-la esmagadora, Deus lhe dirá: "É verdade — você não pode implementá-la sozinho, mas, como disse sim ao meu plano para a sua vida, eu o farei crescer e avançar. Ao realizar essa tarefa, você se tornará uma pessoa diferente (ou uma igreja diferente)".

   Mais ainda, serão necessários recursos para transformar esse sonho em realidade. Olhe à sua volta e veja o que você já tem. Pode haver potencial em recursos existentes, incluindo líderes emergentes, um programa ou ministério atual, um grupo de pessoas que necessita de algo para fazer, contatos já estabelecidos, recursos financeiros ainda não aproveitados ou infraestrutura pouco utilizada. Comece a juntar componentes que já se encontram à sua disposição.

Incentivo as igrejas a tentarem realizar a vontade de Deus com o mínimo de dependência do dinheiro. Em geral, uma visão é muito maior do que um saldo bancário. A tentação, nesse caso, é reduzi-la. Em vez disso, recorra à sua capacidade de imaginar e inovar, misture todos esses ingredientes e torne-se tão hábil quanto MacGyver.[1] Examine sua cidade ou sua vizinhança. Quem tem as qualidades ou talentos necessários para cumprir a visão? Pergunte às pessoas, suplique, peça emprestado e recrute. Ore para que o Espírito de Deus conceda a você novos horizontes e perspectivas.

3. **Recrute uma equipe de campeões na fé.** Visões não costumam ser realizadas por uma só pessoa, a não ser em casos raros. Por sermos Corpo de Cristo, sempre reúno um grupo de parceiros na fé em torno de uma mesa para compartilhar a visão e observar o efeito que isso causa neles. Quero que outras pessoas compartilhem a ideia, em vez de guardá-la comigo apenas. E mais, acredito que ter outras pessoas ouvindo a voz de Deus coletivamente diminui o risco. Quero ter ao meu lado gente mais esperta do que eu, de modo que possamos lidar com a tarefa à nossa frente. Recomendo que você selecione esse grupo com todo cuidado. Para o fruto da fé acontecer, precisamos de campeões na fé à nossa volta. Evite levar assassinos de sonhos para a equipe.

4. **Desenvolva uma inclinação para a ação.** Com certeza há sabedoria em ser paciente, cultivar a prudência e esperar no Senhor. No entanto, em algum lugar ao longo do caminho, será necessário entrar em ação. Busque a vontade do Senhor, e então siga em frente. Tiago 2 declara que a ação é um distintivo vital da fé. Quando um sonho é imaginado, as pessoas se sentem inclinadas a falar sobre o assunto, conversar sobre ele, cantar sobre ele, orar sobre ele,

1 Série de televisão das décadas de 1980-90 cujo protagonista resolvia todos os problemas encontrados usando apenas seus conhecimentos científicos e algumas engenhocas. [N. do R.]

escrever canções sobre ele e participar de conferências sobre ele; mas sempre existe a tentação de não entrar em ação. Por exemplo, vemos isso o tempo todo quando o assunto é evangelismo. Fazemos conferências, seminários, cursos e aulas avançadas sobre evangelismo, mas não o realizamos. No fim de tudo isso, saímos para evangelizar? Não, viramos professores que ministram aulas de evangelismo. Cedo ou tarde, a inclinação para a ação deve começar a funcionar — digamos sim, corramos o risco e nos lancemos de coração à empreitada. É sair e agir!

5. **Permaneça no curso.** Reflexão e reavaliação são componentes necessários para implementar qualquer visão. Épocas difíceis virão e nos tentarão a abandonar o sonho. Permaneça comprometido. Compromisso é manter-se fiel a uma decisão que vale a pena bem depois que a emoção de ter tomado essa decisão já passou.

Cedo ou tarde, a tendência para a ação deve começar a funcionar — digamos sim, corramos o risco e nos lancemos de coração à empreitada.

Tenha como objetivo uma grande colheita

Alguns anos atrás, nossa igreja sentiu necessidade de ministrar para os detentos nas prisões havaianas. Não tínhamos ideia de como fazer isso, e pensar num ministério na prisão não nos parecia seguro. Ao mesmo tempo em que observávamos a necessidade, porém, sentíamos o chamado do Senhor nessa área. Logo começamos a orar.

Nossos cultos eram transmitidos via rádio e nos chegara a notícia de que alguns detentos ouviam as mensagens toda semana. Ainda assim, não sabíamos como ir além disso. Nossos recursos humanos e financeiros estavam aplicados em outros lugares. Mas continuamos a sentir o chamado de Deus nessa área, de modo que seguimos orando.

Com o tempo, ficamos sabendo que um dos reclusos tinha aceitado a Cristo como resultado de nossas mensagens. Seu nome era Roy Yamamoto. Fomos conhecê-lo. Nada em Roy parecia seguro, a princípio. Ele tinha cerca de 1,95 metro de altura, pesava 113 quilos e estava na cadeia por roubo, abuso de drogas e uma coleção de dívidas de jogo. Antes de ser preso, Roy funcionava como o braço direito dos agentes de apostas. Era capaz de quebrar o braço das pessoas para motivá-las a pagar o que deviam.

Quando Roy foi solto, após quatro anos na cadeia, começou a frequentar os cultos de domingo em nossa igreja. Assumiu o posto de recepcionista e saiu-se bem no trabalho. Cristo estava realmente transformando sua vida. Ainda sentíamos que Deus desejava para nós um ministério na prisão, de modo que resolvemos correr o risco. Convoquei uma reunião com Roy e lhe perguntei se ele gostaria de iniciar um ministério na prisão.

— Não — ele respondeu —, não posso ir lá e ministrar. Muito menos poderia conduzir um estudo bíblico. Ei, eu nem mesmo sei *ler*.

— E se lhe arranjássemos um tutor para ensiná-lo a ler a Bíblia? — perguntei. — Vou incluir você em nossa equipe para que receba um salário enquanto isso. Depois que tiver aprendido a ler, poderá começar o ministério.

Os olhos dele se acenderam lentamente enquanto ele pensava melhor na ideia.

— Acho que Deus ficaria satisfeito com isso — respondeu, afinal. — Vamos tentar.

Não fazíamos ideia de qual seria o resultado da empreitada. Poucos manuais sobre liderança eclesiástica eficaz encorajam as igrejas a incluírem ex-presidiários na equipe de pastores. Mas nós o fizemos. Ensinamos Roy a ler, e ele iniciou o ministério com os detentos.

A consequência do risco tem sido uma colheita abundante. Roy correspondeu ao desafio. Com a ajuda do Senhor, hoje a New Hope tem um ministério em prisões que se estende a cada cadeia do estado do Havaí, bem como do Arizona e do Texas. Uma vez por ano, já há algum tempo, realizamos um grande acampamento de verão para os filhos de pais encarcerados. Nele, 80% das crianças entregam a vida a Cristo. O diretor de uma prisão consentiu em transmitir um vídeo de uma hora que fizemos no acampamento pelo sistema interno da cadeia. Há pouco tempo, ele visitou nossa igreja para compartilhar quanto o ministério de Roy tem ajudado a mudar a cultura dos presos.

Muitas de nossas igrejas mais novas foram implantadas em prisões. Na cadeia feminina perto da nossa cidade, as celebrações de domingo são tão frequentadas que foi necessário fixar dois cultos. Recentemente patrocinamos uma feira para os filhos de pais encarcerados, e mais de 5 mil crianças compareceram.

Gostaria de poder dizer que todos os riscos que corremos funcionam desse modo. Mas não é assim. No entanto, se eu tivesse de fazer tudo de novo e me arriscar, faria isso num piscar de olhos.

Encontro grande consolo quando me volto para Mateus 13 e leio a parábola do semeador. O semeador sai para o campo, pretendendo semear uma grande safra. Espalha as sementes no chão e caem algumas no caminho, algumas em solo raso, algumas em solo coberto de ervas daninhas, e algumas em solo bom. O tempo passa e, quando ele olha para o produto da semeadura, só um dos quatro solos está produzindo.

Se quisermos uma grande colheita amanhã,
temos de espalhar toneladas de sementes hoje.

O princípio é que sempre que lançamos sementes espirituais sobre a vida das pessoas, três de cada quatro tentativas não produzirão a colheita esperada. Não parece ser um índice muito positivo, mas a boa-nova é que a Bíblia também nos diz que a pequena porcentagem de colheita que floresce mais do que compensa a perda. Marcos 4.20 registra: "Outras pessoas são como a semente lançada em boa terra: ouvem a palavra, aceitam-na e dão uma colheita de trinta, sessenta e até cem por um".

Como cristãos, nosso chamado é para lançar montes de sementes e correr muito risco. Costumo lembrar aos nossos líderes e voluntários que, se quisermos uma grande colheita amanhã, temos de espalhar toneladas de sementes hoje. Nem todo solo dará frutos, portanto não vamos querer guardar as sementes. Estabelecemos como alvo uma grande colheita, então queremos arriscar muito hoje.

Exercício prático: Dê um passo arriscado.

Característica 11

A IGREJA IRRESISTÍVEL SE HUMILHA

O novo pastor dos jovens mal podia acreditar no que ouvia. Ocupara o cargo havia apenas duas semanas, e seu pastor sênior já o chamava pelo intercomunicador, pedindo-lhe que descesse até o escritório para uma "tarefa especial".

O pastor dos jovens se perguntou qual seria essa tarefa especial. Acabava de se formar no seminário e estava ansioso para pôr em prática habilidades recém-descobertas. O pastor sênior precisava de ajuda para preparar um sermão? Ou quem sabe precisasse de alguém para auxiliá-lo na análise gramatical de alguns verbos gregos. O pastor também poderia necessitar de apoio em algum projeto de larga escala em benefício de toda a igreja.

Com um sorriso de satisfação, o pastor dos jovens atravessou apressado o corredor até o outro extremo da igreja, em que ficava o escritório do pastor sênior. Quando chegou ali, porém, encontrou o pastor sênior vestindo uma capa impermeável, com uma pá numa das mãos e uma lata de lixo na outra.

— O que está acontecendo? — o pastor dos jovens perguntou.

— Você não tem capa? — o velho pastor perguntou. — Eu deveria ter pedido para trazê-la. Toda vez que chove, o ralo do estacionamento se transforma em chafariz. Preciso da sua ajuda para segurar a lata de lixo. Temos de remover a lama com a pá.

Bem-vindo à vida de um seguidor de Cristo. Nem tudo é glória. Nem tudo é aplauso. O objetivo principal do ser humano é glorificar a Deus e desfrutá-lo para sempre. Às vezes isso significa encontrar alegria em arregaçar as mangas e fazer o que serviço que for necessário.

A tarefa vital

A décima primeira característica da igreja irresistível, aquela que Deus ama abençoar, é a humildade. Ela é demonstrada quando a igreja segue o ensinamento encontrado em Tiago 4.10 e se humilha, de modo que o Senhor possa elevá-la no tempo devido. Esse ensinamento também está presente em 1Pedro 5.5,6: "[...] 'Deus se opõe aos orgulhosos, mas concede graça aos humildes'. Portanto, humilhem-se debaixo da poderosa mão de Deus, para que ele os exalte no tempo devido".

Humildade é lembrar quem somos à luz de quem é Deus. Como cristãos, temos uma tarefa vital que não queremos perder de vista. É fácil nos envolvermos em muitas coisas e perdermos aquilo que Deus espera que sejamos. Mas somos chamados para servir a Deus e para dedicar a nossa vida a questões importantes. Às vezes o que é importante pode surpreender-nos. Mateus 10.42 diz que até um copo de água fresca dado em nome de Jesus não ficará sem recompensa. Nosso convite é para representarmos e irradiarmos Cristo, sermos embaixadores dele, pensarmos o que ele pensa e falarmos o que ele fala. Nosso chamado é para servir a Deus de qualquer maneira que ele nos peça.

O orgulho distrai

A Bíblia diz em João 10.10 que o Diabo tem o propósito de nos destruir. Uma das principais maneiras pela qual ele tenta fazer isso é por meio da distração. Se focarmos os olhos nas sutilezas do pecado, será bem menor a probabilidade de enchermos nossa alma com Cristo, o verdadeiro pão da vida. É fácil distrair-nos do nosso chamado. Conta-se a história de uma centopeia que viajava por uma estrada. Um rato saiu correndo atrás dela e disse:

— Ei, você tem tantas pernas, como sabe que perna deve colocar na frente?

— Para ser franca, nunca parei para pensar nisso — respondeu a centopeia.

O inseto começou então a considerar todas as possibilidades, e isso a distraiu de tal modo que ela não foi mais capaz de sair do lugar. Não sabia qual perna mexer em primeiro lugar, em segundo, terceiro e assim por diante.

> A humildade impede que nos distraiamos e nos desviemos da nossa tarefa principal.

O mesmo vale no nosso caso. A humildade impede que nos distraiamos e nos desviemos da nossa tarefa principal. O oposto da humildade é o orgulho, que nos enreda os pés de modo que desaprendemos a andar. Ele ergue a cabeça sempre que a atitude que adotamos em relação à nossa posição, aos nossos bens e às nossas realizações — a nós mesmos, enfim — vai além de um justificável respeito próprio.

É claro que existe um tipo saudável de orgulho — por exemplo, não é errado sentir orgulho da nossa herança, ou do time de futebol da nossa filha. No entanto, o orgulho se torna pecado quando nos achamos melhores do que somos, ou quando começamos a acreditar que somos os grandes responsáveis por nosso sucesso, ou quando pensamos em nós mesmos como se fôssemos o centro do universo. Esse tipo perigoso de orgulho pode ser traiçoeiro se encontrado em nossas igrejas.

O orgulho pode assumir a forma de poder quando acreditamos que merecemos determinado sucesso. Ou pode tomar a forma do excesso de confiança. Ou pode ser a sutil transição para o sentimento de superioridade, quando começamos a nos imaginar à prova de bala. Basta termos algumas histórias bem-sucedidas para contar e já acreditamos que o nosso modo de ver uma situação é o mais correto. É fácil escorregar pela ladeira da irresponsabilidade e da aversão à correção.

Por outro lado, humildade não tem a ver com sermos severos demais ao nos repreendermos. Tem a ver com servir e exaltar a Cristo. Na prática, a humildade se faz presente quando descobrimos que nossa maior alegria é doarmos nossa vida. A recompensa não é o aplauso, mas a consciência de que conseguimos servir a Cristo. Esse tipo de humildade não se adquire facilmente. Mas pode ser obtida intencionalmente. O motivo? A humildade não é algo natural para nós, seres humanos. Atos de humildade devem ser intencionalmente planejados e então implementados com consistência até se tornarem naturais.

A humildade se faz presente quando descobrimos que nossa maior alegria é doarmos nossa vida.

Examinemos mais de perto três maneiras pelas quais a humildade pode tornar-se parte integrante de nossas igrejas.

Atos de serviço oculto

Uma das maneiras mais simples de desenvolver a humildade é empreender atos conscientes de serviço oculto. Aos olhos de Deus, há algo de muito saudável na prática de um ato de bondade sem levar o crédito por ele. Um gesto de gentileza silencioso é um ato de parceria com Deus. Servimos e então Deus pode usar esse serviço para transformar vidas. Penso nessa sequência da seguinte forma: os feitos de Deus produzem boa vontade que um dia capacita as pessoas a se abrirem para as boas-novas. Não há nenhum louvor ou trombeta, nenhum desfile debaixo de serpentinas. No entanto, podemos deleitar-nos no simples fato de poder fazer o bem. É como impor mãos sobre uma pessoa cega, orar por ela e, antes que seus olhos sejam abertos, desaparecer dobrando a esquina. O beneficiário jamais saberia quem orou por ele. Só saberia que Jesus o curou.

Humildade.

Em Mateus 6.1-4, Jesus disse isso do seguinte modo:

> "Tenham o cuidado de não praticar suas 'obras de justiça' diante dos outros para serem vistos por eles. Se fizerem isso, vocês não terão nenhuma recompensa do Pai celestial.
>
> Portanto, quando você der esmola, não anuncie isso com trombetas, como fazem os hipócritas nas sinagogas e nas ruas, a fim de serem honrados pelos outros. Eu lhes garanto que eles já receberam sua plena recompensa. Mas quando você der esmola, que a sua mão esquerda não

> saiba o que está fazendo a direita, de forma que você preste a sua ajuda em segredo. E seu Pai, que vê o que é feito em segredo, o recompensará."

Se soarmos a trombeta por aquilo que estamos fazendo, não conseguiremos muito mais que isso com nosso gesto. No entanto, se servirmos em segredo, veremos acontecer muito mais resultados ao fazermos a nossa parte e deixarmos o Senhor fazer a parte dele. O serviço oculto é saudável para a alma. Parte do DNA divino começa a vir à tona quando nos doamos sem segundas intenções e descobrimos o prazer de sermos mensageiros de Deus. Quando realizamos atos de bondade intencionais em nome de Deus, a humildade começa a se tornar parte natural da nossa vida, em vez de permanecer como um dever imposto ao cristão.

Chegou o momento de fazer uma confissão. Existe um motivo para frequentes reclamações na minha vida: odeio ver lixo jogado na rua. Certa vez, em Hilo, eu seguia para a igreja quando vi, na lateral da estrada, um monte de lixo. O aspecto era particularmente ruim porque chovera na noite anterior. Havia latas de cerveja espalhadas por toda a estrada.

> Se servirmos em segredo, veremos acontecer muito mais resultados ao fazermos a nossa parte e deixarmos o Senhor fazer a parte dele.

Ao passar por ali, resmunguei sozinho que o município precisava limpar melhor as ruas. Fui até a igreja, preguei no primeiro culto e, então, como só tínhamos um carro na época, voltei para casa a fim de buscar a minha esposa. No caminho para casa, passei pelo lixo de novo e resmunguei novamente sobre "como as pessoas não têm consideração". Após pegar a minha esposa, segui pela estrada e passei outra vez pelo lixo, reclamando ainda mais, só que agora falando tudo o que pensava para ela: "Veja só isso; não é terrível?".

Preguei de novo, voltei para casa e, claro, deparei com o lixo outra vez.

Quando retornamos à nossa casa, eu ainda reclamava.

Então, com toda a calma, ouvi o Senhor dizer: — Por que você não limpou a sujeira?

— Espere um minuto — respondi —, não sou pago para fazer isso.

Ouvi de novo: — Por que não vai até lá e limpa tudo você mesmo?

Tenho idade suficiente para saber que, quando Deus diz algo e você sabe que é ele quem está falando, não há escapatória. Tudo o que eu disse para minha esposa foi:

— Preciso resolver um problema.

E não estava mentindo — eu tinha algo a fazer para Deus.

Dirigi de volta ao lixo e estacionei atrás de alguns arbustos. Não queria que ninguém me visse. Esperei um momento de calma no trânsito, corri para o lixo e tratei de enfiar aquela sujeira toda em alguns sacos. Sempre que um carro passava, eu me agachava. Não queria que ninguém pensasse que o lixo era meu. Enfim, tendo apanhado tudo, amarrei os sacos e joguei na traseira do carro. Dirigi então até um aterro sanitário para me desfazer do lixo. Quando voltei para casa, lavei as mãos.

Não contei a ninguém sobre o incidente. Meu silêncio não tinha uma motivação pura — eu me sentia mais envergonhado do que qualquer outra coisa. Logo esqueci o assunto. No domingo seguinte, contudo, fui para a igreja e um casal me deteve no *hall* de entrada. Eram novos na igreja, mas acho que me conheciam da cidade, porque disseram: — Pastor, o motivo pelo qual viemos à igreja é porque vimos o senhor na semana passada.

— Onde? — perguntei, pensando que talvez tivesse sido no café que frequento.

— Vimos o senhor na estrada apanhando lixo — disse o homem. — Entendemos que, se o senhor estava disposto a parar e limpar algo que não era seu, a investir tempo nisso, nós nos sentiríamos muito bem nesta igreja.

Tive de sorrir.

O Senhor é capaz de usar os atos mais simples para atrair pessoas para si.

Relembrando-nos da nossa missão

Outra maneira de a igreja se humilhar é lembrando-se conscientemente de que tem uma missão a cumprir e jamais deve esquecê-la.

Um modo prático de permanecer fiel a essa missão é considerar cada função da igreja pelos olhos de alguém que essa igreja está tentando alcançar. Na maior parte dos casos, trata-se de um visitante. O problema está no fato de as igrejas com frequência se preocuparem em atender às necessidades dos frequentadores regulares semana após semana. Depois de algum tempo, ela pode cair na rotina de pregar o tempo todo para o coral.

A igreja tem uma missão a cumprir
e jamais deve esquecê-la.

Ouvi falar de uma igreja que instalou placas no estacionamento pedindo aos visitantes que acionem o pisca-alerta. Eles então são direcionados para vagas especiais e são cumprimentados pessoalmente ao entrarem. O que sua igreja faz para receber os recém-chegados?

Procure ver as seguintes áreas pelos olhos de um visitante:

- Se uma família é nova na cidade, consegue encontrar sua igreja com facilidade num catálogo telefônico ou na Internet? Os horários de culto estão bem visíveis? Há um mapa disponível?
- Se um visitante entrar com o carro no seu estacionamento, encontrará vagas disponíveis e fáceis de achar? A porta de entrada da igreja está bem demarcada e é fácil de localizar a partir do estacionamento?
- Os recepcionistas estão posicionados junto às portas da entrada principal, dando boas-vindas aos convidados e esclarecendo quaisquer dúvidas que possam ter?

- Todos os locais pertinentes, tais como o destinado ao cuidado das crianças, os banheiros e o auditório principal, estão identificados com sinalização de fácil identificação?
- Cada culto é conduzido de forma a fazer que os visitantes se sintam bem recebidos? A pessoa que tem um histórico espiritual limitado se sentirá confusa com o que acontece durante o culto?
- Se um visitante quiser mais informações após o culto, saberá como obtê-la com facilidade?

A humildade nos mantém nos trilhos. Impede que adotemos a perspectiva errônea de que a igreja só tem a ver conosco. Temos uma missão a cumprir, e as nossas igrejas devem ter sempre em mente o foco dessa missão.

A missão da igreja, como mencionado em capítulos anteriores, nunca é levar pessoas para a igreja apenas. Sim, reconhecemos o propósito dos cultos de fim de semana na vida das pessoas. Mas a principal missão da igreja é preparar os cristãos para servir a Deus ao longo de cada dia. O principal campo missionário está do lado de fora dos muros da igreja.

Como seria trabalhar nesse campo missionário? Talvez tão simples quanto...

- Um homem ceder seu lugar no ônibus para uma senhora de idade que gostaria de viajar sentada.
- Um estranho pagar as compras de supermercado de um universitário que descobre a data de validade vencida do cartão de crédito na fila do caixa.
- Um casal que faz piquenique no parque dar um prato de comida para um sem-teto.
- Um homem abrir mão da sua vaga de estacionamento em favor de uma mãe que dirige uma *minivan* e parece prestes a perder a cabeça.
- Um cartão de presente ser enviado por um anônimo a alguém que necessita muito dele.

A partir do momento em que as pessoas enxergam o valor de se humilharem, portas se abrem para a grandiosidade. Deus pode então usar até os atos mais simples de bondade para atrair pessoas para si.

> A partir do momento em que as pessoas enxergam o valor de se humilharem, portas se abrem para a grandiosidade.

Como lidar com o crédito

Uma terceira maneira de construir a humildade é examinando como lidamos com o crédito. Não me refiro ao crédito financeiro, mas ao crédito que nos é dado quando fazemos o bem. Pode ser algo que nossa igreja realizou numa comunidade, ou uma boa ideia que tivemos e que foi implementada em algum outro lugar, ou uma conquista particular. Como lidamos com a reação ao que fizemos? A regra do dedo polegar diz que, sempre que é *concedido,* o crédito é seguro. No entanto, sempre que é *tomado,* ou roubado, ele é destrutivo.

Encontramos uma história sobre crédito destrutivo no último capítulo de 1Samuel e no primeiro capítulo de 2Samuel. O rei Saul é derrotado pelos filisteus. Gravemente ferido, prefere ser morto a permitir que os filisteus o encontrem ainda vivo e o torturem. O rei se volta para o escudeiro e ordena que ele cumpra seu desejo. Mas o escudeiro, aterrorizado, se recusa a fazer isso, de modo que Saul pega a própria espada e cai em cima dela.

Mais tarde, outro jovem se aproxima do corpo morto de Saul e de seus apetrechos de soldado real. Recolhe sua coroa e o bracelete, já com uma ideia em mente. Entrega-os a Davi, imaginando que levar os artigos de Saul lhe renderia favor junto à nova administração. O jovem inventou uma história e contou a Davi sobre as feridas mortais de Saul, e que ele, misericordioso, pôs fim à vida do rei para protegê-lo da cruel captura filisteia. O jovem decidira em segredo ficar com o crédito por algo que não fizera, e o tiro saiu pela culatra. Davi o condenou por ousar abater o ungido do Senhor.

O rapaz achou que seria considerado um herói; em vez disso, o crédito roubado transformou-se em sua sentença de morte.

Sempre que é *concedido*, o crédito é seguro.
No entanto, sempre que é *tomado*, ou roubado,
ele é destrutivo.

O perigo pode ser semelhante quando tentamos agir da mesma forma hoje. Talvez a nossa vida não corra tanto risco, mas é sempre melhor dar crédito do que tomá-lo. Provérbios 27.2 diz: "Que outros façam elogios a você, não a sua própria boca; outras pessoas, não os seus próprios lábios".

É seguro aceitar crédito, mas não exigir crédito. Receba presentes que confirmem seu valor, mas não aja em função deles. Aceite a gratidão, mas não a requeira. Sua fidelidade produzirá louvor, mas a necessidade de atenção não deve motivá-lo.

Sua igreja hoje

Penso que seria fácil lermos este capítulo e, mais que depressa, disfarçarmos. *Orgulhosos? Nós? Jamais!* O orgulho consegue ser terrivelmente difícil de enxergar e imperceptível, na maior parte das vezes, ainda mais quando localizado dentro de nós.

Amigos meus que frequentam outra igreja compartilharam uma experiência que tiveram. John[1] era candidato ao cargo de pastor sênior numa igreja da Costa Oeste dos Estados Unidos. Competente, inteligente, dono de excelente formação em seminário, era bom orador e tinha habilidades para liderança, além de um histórico respeitável de sólida liderança pastoral.

A igreja pagou duas vezes as despesas de viagem dele e da esposa, da casa em que viviam no Meio Oeste, para longas entrevistas. Ele pregou dois

[1] Nome fictício.

domingos e falou em quatro classes dominicais de adultos. Encontrou-se com líderes-chave da igreja, que o questionaram acerca de sua filosofia ministerial e sua visão para a igreja. Ele conheceu vários grupos pequenos e respondeu a todas as perguntas com tato e sinceridade. Todos concordaram que seria perfeito para o cargo.

Perto do fim do período que passaram juntos, um dos líderes-chave da igreja levantou-se numa reunião e afirmou: "Pastor John, o senhor vai gostar desta igreja. Na verdade, trabalhar aqui será muito fácil para o senhor. Há tempos resolvemos nossas pendências. Somos uma congregação composta por uma maioria de cristãos maduros".

Todavia, não mais de quatro anos depois, a igreja estava na maior desordem. Primeiro, um presbítero importante confessou que mantinha um caso extraconjugal. Quatro membros da equipe que trabalhavam em tempo integral pediram a conta logo depois. O programa de construção foi suspenso quando a congregação descobriu que a igreja estava mergulhada em dívidas. Assim, em seis meses, mais da metade das pessoas tinha partido para outras igrejas.

Houve quem culpasse o pastor John. Ele pediu as contas e também se mudou para outra igreja. Outros culparam a panelinha de presbíteros, que sempre mantinha o pulso firme nas decisões da igreja. Alguns culparam o estilo de música. Outros, o pastor de jovens. E outros ainda, a igreja grande que abriu do outro lado da rua.

No entanto, desconfio que havia outro fator em operação, encontrado nas palavras que o líder usou na última reunião antes que o pastor John foi contratado. Considera-as com muito cuidado: *"Trabalhar aqui será muito fácil para o senhor. Há tempos resolvemos nossas pendências. Somos uma congregação composta por uma maioria de cristãos maduros".*

Pergunte a você mesmo: Como nossa igreja pode permanecer verdadeiramente humilde?

"Assim, aquele que julga estar firme, cuide-se para que não caia!" (1Coríntios 10.12).

Essa é a consequência comum. Você já parou para pensar que força destrutiva o orgulho consegue ser? Pergunte a você mesmo: Como nossa igreja pode permanecer verdadeiramente humilde? Temos um senso aguçado da nossa missão? Como assegurar que não nos desviemos dessa missão?

Minha oração é que todas as nossas igrejas entendam o poder da humildade. Um poder que atrai a atenção do céu o tempo todo. Não há maior alegria do que ver Deus fazer seu trabalho depois de termos feito o nosso.

Exercício prático: Ande com humildade.

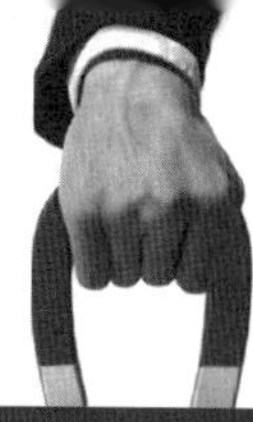

Característica 12

A IGREJA IRRESISTÍVEL TEM UM PLANO

Imagine um empreiteiro que começa a construir uma casa. Muitos recursos excelentes estão à disposição, e ele é capaz de reunir uma equipe talentosa, apta a despejar concreto, levantar paredes, preparar o cabeamento de energia e instalar um sistema de esgoto. A sinceridade da equipe é inquestionável. Todos os envolvidos desejam realmente construir a melhor casa possível.

Assim, a equipe põe mãos à obra. A cada manhã levanta cedo e trabalha duro, hora após hora. Faz um rápido intervalo para o almoço e logo retorna às tarefas, trabalhando longas horas até tarde da noite. Ninguém conseguiria encontrar uma falha nas habilidades da equipe, em sua dedicação e paixão pelo trabalho. Dia após dia, há uma grande agitação no canteiro de obras. Ouvem-se martelos e serrotes por toda a parte. Tijolo após tijolo é coberto de argamassa e empilhado. Tábua após tábua é pregada uma às outras.

Quando a casa começa a tomar forma, porém, nota-se que há paredes para todos os lados. Alguns quartos não têm portas. Outros têm escadas que não levam a lugar algum. Há uma varanda, mas ela é separada e ninguém consegue chegar até ela. Há um teto, mas ele só cobre algumas porções da casa.

Qual o problema?

Um ingrediente chave esteve ausente desde o início. A equipe de construção começou a trabalhar sem saber para onde ir. Muita atividade foi desenvolvida, mas sem direcionamento, sujeita aos caprichos de cada integrante da equipe, às necessidades e ao esforço de cada momento.

Eles tinham entusiasmo, talento, dinheiro e disposição... Mas não uma planta.

O resultado foi uma casa desconexa e feia. Na melhor das hipóteses, era algo a ser ignorado. Na pior das hipóteses, era uma estrutura insegura, um estorvo para a vizinhança, uma ameaça para quem frequentasse seu interior.

Qual o ingrediente ausente aqui?

Uma planta comum, um plano que todos pudessem seguir.

Por falta de um plano

A décima segunda característica da igreja irresistível, aquela que Deus ama abençoar, é ter um plano. Esse tipo de igreja busca a orientação de Deus com seriedade, desenha uma planta a partir dessa orientação e, em seguida, avança com ousadia para implementar o plano. Esse tipo de igreja sabe para onde vai, ou, pelo menos, tem uma ideia muito boa da direção a seguir. Mas embora conte com esse plano para agir, ela também reconhece que Deus pode mudá-lo a qualquer momento. Tem um plano, mas é um plano flexível.

"Em seu coração o homem planeja o seu caminho, mas o SENHOR determina os seus passos" (Provérbios 16.9).

Logicamente, é Deus quem dá a direção, mas que direção ele dará se não tivermos nenhum plano? Seria como viajar para um local desconhecido sem mapa ou GPS.

Os motivos para a falta de planejamento são inúmeros. Às vezes não planejamos por acreditarmos que isso não condiz com nosso modo de ser. Outras vezes, é a pura negligência que nos compele à falta de planejamento. Outras demandas ocupam os nossos dias e damos pouca atenção a essa questão. Às vezes estamos ocupados demais. A agenda das pessoas vive lotada para dar lugar à contemplação ou ao desenvolvimento de estratégias.

Planejar não é errado. Pelo contrário,
é biblicamente recomendado.

Também tenho encontrado alguns para quem a ideia de planejar parece uma perda de tempo, algo pouco espiritual inclusive. São pessoas bem-intencionadas, sensíveis à condução do Espírito Santo, e que *só* querem ser dirigidas por Deus. Embora isso seja admirável, erram ao concluir que a orientação de Deus não lhes permite planejar, a fim de que a origem dos seus planos não seja contada como desejo humano, mas divino. Receosos de planejar e correr o risco de ofender a Deus, consideram mais espiritual seguir em frente sem um plano.

Planejar ou não planejar

Examinemos então alguns dos fundamentos bíblicos por trás do planejamento. As Escrituras tratam dos motivos pelos quais as pessoas deixam de planejar, ao mesmo tempo que ensina a prudência de planejar com antecedência, desde que esses planos reconheçam a soberania de Deus. De fato, a Bíblia ensina que é honroso planejar quando o objeto do planejamento é uma estratégia de ação baseada no conhecimento recebido. Desse modo, temos uma planta divina a partir da qual edificar.

Uma passagem que às vezes afasta as pessoas do planejamento é Tiago 4.13-15:

> Ouçam agora, vocês que dizem: "Hoje ou amanhã iremos para esta ou aquela cidade, passaremos um ano ali, faremos negócios e ganharemos dinheiro". Vocês nem sabem o que lhes acontecerá amanhã! [...] Ao invés disso, deveriam dizer: "Se o Senhor quiser, viveremos e faremos isto ou aquilo".

Algumas pessoas costumam ver esta passagem como uma proibição ao planejamento. Contudo, uma leitura mais profunda revela que, na verdade, o texto nos estimula a fazer planos, desde que sejam guiados por Deus. Somos instruídos a planejarmos dizendo "se o Senhor quiser" e a não nos vangloriarmos de nossos planos. A passagem não é contra o planejamento, mas a favor. Ela é contra o orgulho.

Provérbios 16.3 diz: "Consagre ao SENHOR tudo o que você faz, e *os seus planos serão bem-sucedidos*". Provérbios 20.18 diz: "Os conselhos são importantes para quem *quiser fazer planos* [...]". Portanto, planejar não é errado. Pelo contrário, é biblicamente recomendado.

Eis o ponto de equilíbrio. Em Atos 16.6,7, o apóstolo Paulo e seus companheiros traçam um plano para pregar na Bitínia, mas o Espírito de Deus não lhes permite ir a essa região, de modo que seguem para Trôade. Embora Paulo e seus amigos planejassem determinado curso de ação, foram sensíveis à alteração de planos empreendida pelo Senhor. Esse é o nosso convite também. O Senhor nos pede que usemos nossa mente, organizemos nossos pensamentos em piedade, mapeemos nossas estratégias e estabeleçamos nossos objetivos. No entanto, devemos sempre fazer isso em humildade, reconhecendo que só Deus controla nosso destino.

No início, quando planejamos nossa igreja, as Escrituras que Deus gravou em nosso coração foram Jeremias 29.11: " 'Porque sou eu que conheço os planos que tenho para vocês', diz o SENHOR, 'planos de fazê-los prosperar e não de lhes causar dano, planos de dar-lhes esperança e um futuro' ".

Entendemos que os princípios bíblicos encontrados nessa passagem significam que Deus tem planos para o futuro da nossa igreja. Como ele faz planos, deseja que os conheçamos a seu tempo e a seu modo. A lógica nos leva a concluir que Deus não guarda seus planos para si. A chave, portanto, é perguntarmos ao Senhor que planos seus estão de acordo com a promessa de Tiago 1.5, e então andar em obediência, executando esses planos.

Meu desejo é que, ao terminar este livro, você não encare com leviandade o futuro que se apresenta à sua frente. Você sabe para onde está indo? Tem um plano? Já começou a agir com base nesse plano?

No fim, Deus não cobrará de nós pelo que fizemos, mas *por quanto realizamos do que ele nos pediu para fazer*!

Portanto, apresente-se a Deus e anote os planos que você crê que ele tem para a sua vida, de modo que você possa estabelecer seu percurso em obediência.

Oportunidade sem precedentes

Há uma razão de vital importância pela qual gostaríamos que as nossas igrejas tivessem planos. Quanto mais velho fico, mais o meu coração deseja ver o maior número de pessoas entregando seu futuro ao Senhor Jesus, de preferência discernindo quais são os planos dele para a vida delas. Desconhecer os planos de Jesus não é razão suficiente para não fazer nada.

Meu desejo também é que você não encare com leviandade o futuro que se apresenta à sua igreja.

Precisamos planejar porque vivemos uma era de oportunidade espiritual sem precedentes. Por todo o globo, as pessoas estão espiritualmente famintas. As Escrituras afirmam que os campos estão maduros para a colheita (João 4.35), e que nosso amor por Cristo é capaz de nos compelir no sentido de apresentar grandes números de pessoas a ele. Nossas igrejas precisam criar estratégias como os "[...] duzentos de seus chefes [dos filhos de Issacar], entendidos na ciência dos tempos para saberem o que Israel devia fazer [...]" (1Crônicas 12.32, *Almeida Revista e Atualizada*).

Meu desejo também é que você não encare com leviandade o futuro que se apresenta à sua igreja.

Tempo de crise

Talvez você esteja questionando como é possível ver o futuro imediato como um tempo de oportunidade espiritual sem precedentes quando sua igreja atravessa uma crise ou talvez opere sem uma liderança eficaz.

A chave aqui chama-se *perspectiva*.

Boa parte de como encaramos a oportunidade depende de como olhamos para nossas circunstâncias, não importa quais elas sejam. Por exemplo, no momento em que escrevo este livro, nós aqui na América do Norte estamos enfrentando o que os comentaristas têm denominado de "a grande recessão".

As taxas de desemprego são altíssimas. O *déficit* da balança comercial está nas alturas. Ainda falta entusiasmo ao prognóstico de recuperação econômica. No entanto, a perspectiva nos permite virar a mesa desse período de crise e, como diz o anúncio de uma seguradora, vê-lo não como "a grande recessão", mas como "a recessão que nos fez grandes".

Você percebe a diferença? Épocas difíceis são ótimas para eliminar tudo que é desnecessário. Deixam-nos em nossa melhor condição para lutar. Em crise, livramo-nos de toda atividade supérflua e só o que é realmente importante permanece. A próxima estação com certeza reserva oportunidades sem precedentes para nossas igrejas, mas precisamos desenvolver o modo certo de encarar as circunstâncias. Do contrário, perderemos as oportunidades. As crises, na verdade, podem ser usadas como ferramentas para o bem.

Crises são coisas terríveis de desperdiçar. Podem fazer-nos grandes.

Seu melhor futuro

Incentivo sua igreja a reservar tempo — mais de cinco minutos — para planejar o que Deus tem para seu melhor futuro. Como saber uma coisa dessas? Comece com uma pergunta simples: "Do que Deus pedirá conta para nossa igreja no grande dia?". E se estabelecermos o objetivo de cumprir isso: "Como seria nosso melhor futuro?".

Incentivo sua igreja a reservar tempo para planejar o que Deus tem para seu melhor futuro.

Enquanto você imagina os melhores cenários possíveis, faça a você mesmo algumas perguntas:

- Com que propósito nossa igreja existe?
- Qual o principal grupo demográfico que desejamos alcançar? Famílias? Cidadãos seniores? Casais jovens? Todas as idades? Grupos urbanos? Suburbanos? Rurais?

- O que somos *capazes* de fazer bem, e o que somos *incapazes* de fazer bem?
- Quais as principais áreas a serem enfatizadas em nossa igreja? Por exemplo, somos uma igreja que promove pregação forte, um excelente ministério de jovens, um ministério para alcançar os pobres, um ministério para famílias de militares, atos de compaixão na cidade, um ministério em prisões ou [preencha a lacuna]?
- Você gostaria de ver casamentos fortalecidos na sua igreja? Em caso positivo, que passos dará nesse sentido?
- Esperamos treinar a próxima geração desta igreja? Em caso positivo, que passos daremos nesse sentido?
- Como você espera ser uma bênção para sua cidade e comunidade mais próxima?
- Como esperamos alimentar uma perspectiva global de fé e missões? De que maneira ajudaremos cristãos em outros países enquanto eles fomentam o evangelho?
- Dentro de cinco anos, como esperamos que esta igreja estará? E dentro de dez anos?
- Como o sucesso é definido para esta igreja?

Crie sua própria lista. Não tenho a intenção de apresentar aqui um esboço passo a passo para o progresso da sua igreja. É preferível que, em cada igreja, líderes sábios conduzam a congregação por períodos fervorosos e intencionais de busca da orientação celestial, conforme a singularidade de cada igreja local. Trace um plano e coloque-o no papel.

Busque a excelência

Eu gostaria, sim, de oferecer a estrutura necessária que ajudará líderes a trabalharem nas especificidades desse esforço. Pense nisso como uma disposição mental geral para a adoção. A estrutura: ao desenvolver um plano, é crucial adotar uma filosofia bíblica otimista. Filosofia, na acepção da palavra, refere-se à nossa percepção da vida. Mateus 6.22,23 diz:

> "Os olhos são a candeia do corpo. Se os seus olhos forem bons, todo o seu corpo será cheio de luz. Mas se os seus olhos forem maus, todo o seu corpo será cheio de trevas. Portanto, se a luz que está dentro de você são trevas, que tremendas trevas são!".

Ao desenvolver um plano, é crucial adotar uma filosofia bíblica otimista.

Como discutimos no Capítulo 4, a vida depende muito de como a percebemos. Não pretendo equiparar esse princípio a determinadas formas de ensinamento oriental, que afirmam que as substâncias existem simplesmente por serem verdades em nossa mente. Claro que não. Estou dizendo que, se cremos num Deus bom, que redime a humanidade do desespero e da escuridão, devemos optar por viver pela perspectiva da vitória, da força e da confiança. É o que eu quero dizer ao adotar uma filosofia bíblica otimista.

Uma quantidade exagerada de cristãos vive sob a crença de que permanecemos como vermes diante de Deus, mesmo após a salvação. É verdade que a Bíblia aponta para a depravação do ser humano em seu estado caído, e que, sem Cristo, nosso coração é enganoso acima de todas as coisas e está além da possibilidade de cura (Jeremias 17.9). No entanto, as Escrituras também indicam que Deus nos convida para nos tornarmos pessoas excelentes tendo por base a obra realizada por Cristo na cruz. Cristo se dedica à redenção e à transformação, e as Escrituras dizem que Deus quer que nos tornemos pessoas magníficas. Por exemplo, Salmos 8.1 afirma: "SENHOR, Senhor nosso, como é majestoso o teu nome em toda a terra! [...]". Se o nome de Deus retrata seu caráter, de acordo com essa passagem servimos a um Deus majestoso. Já 2Coríntios 3.18 mostra que, "*segundo a sua imagem*, estamos sendo transformados com glória cada vez maior [...]". Portanto, se Deus criou o homem à sua imagem, deveríamos tornar-nos pessoas excelentes, e nossas igrejas deveriam seguir essa lógica e tornar-se igualmente excelentes.

Com certeza, as igrejas têm poder para ir em ambas as direções — rumo à excelência ou à mediocridade, até mesmo ao fracasso. Lembro-me de um antigo axioma: *A vida não lhe dará o que você deseja ou merece. A vida lhe dará aquilo com que você se contentar.*

Ao desenvolver um plano para sua igreja e imaginar-lhe o melhor futuro, lembre-se de que Deus é magnífico. Imagine um futuro em que sua igreja se tornou o melhor que ela é capaz de ser, uma igreja de excelência.

Em seguida, faça planos para esse sonho se tornar realidade.

A porção do milagre

Quem sabe onde está o milagre de ter um plano?

Na *ação*.

Se você não agir, o que tem nas mãos são apenas boas intenções. Podemos sonhar, talvez até traçar planos, mas, se não houver ação, esses sonhos nunca se materializarão.

Há outra palavra para ação da qual não gostamos muito: *trabalho*. Isso mesmo. *Labor*.

As mães precisam passar pelo trabalho de parto para trazer uma nova vida ao mundo. Nossas igrejas precisam trabalhar muito se quiserem ver o melhor futuro tornar-se realidade. Temos de pegar as plantas que desenhamos e acrescentar músculos a elas. Com certeza devemos dar crédito aos longos períodos em busca da orientação do Senhor, aos períodos de aprendizado e planejamento, ou à espera no Senhor até que a vontade dele se manifeste com clareza. No entanto, em algum lugar, em algum momento, será imperativo que alguma ação aconteça. Sem ela, a planta desenhada pode permanecer intocada durante anos na gaveta da escrivaninha de uma igreja. Deus quer que o nosso futuro tenha a ver com mais do que boas intenções. Ele quer que o nosso futuro se materialize.

Nossas igrejas precisam trabalhar muito se quiserem ver o melhor futuro tornar-se realidade.

Você consegue imaginar uma corrida sem que um roteiro seja demarcado? Os competidores se reúnem na linha de partida e alguém grita: "Em suas marcas, preparar, já!". Os corredores disparam em todas as direções! Corridas como essa acabariam no programa *Os vídeos mais loucos do mundo*. Mas fazemos isso o tempo todo em nossas igrejas. Posicionamo-nos na linha de partida, alguém atira para cima e as pessoas saem correndo sem saber para onde vão. E repare que as consequências eternas do que acontece em e por meio de uma igreja são infinitamente mais importantes do que em uma corrida.

Agora, você consegue imaginar uma corrida em que existe um percurso estabelecido, mas pelo qual ninguém jamais corre? Os corredores se espalham próximo ao ponto de partida, parados enquanto conversam sobre a corrida, especulando como ela será grandiosa, inclusive parabenizando-se de antemão pelo dia em que vencerão uma disputa como aquela.

Mas, na verdade, eles nunca correm.

Minha esperança é que jamais voltemos a pensar com leviandade sobre o futuro de nossa igreja. Quanto maior a clareza com que um plano é desenvolvido e depois implementado, mais seremos capazes de mapear um percurso em obediência e de correr com fé. Quanto mais clara a planta, melhor a edificação resultante. Quanto mais concentrado o nosso objetivo, mais aptos estaremos para alcançá-lo. Os resultados não vêm do ócio; mas do trabalho.

Imagine isso

Na próxima vez em que você estiver no santuário de uma igreja, dê uma boa olhada à sua volta. Como ele veio a existir? Existe porque alguém o enxergou com muita nitidez quando o chão sobre o qual esta ainda era um terreno vazio. Imaginaram como poderia ser o futuro, traçaram planos e trabalharam no sentido de transformá-los em realidade.

Na próxima vez em que alguém for batizado em sua igreja, procure descobrir como esse batismo veio a ocorrer. A resposta provável será porque tempos atrás alguém acalentou a esperança de que aquele irmão conhecesse Cristo. Essa pessoa orou, amou e foi parceira do potencial convertido. Eventualmente, compartilhou o evangelho com ele. O Espírito Santo vivificou o coração desse irmão, que entregou a vida a Cristo.

Na próxima vez em que uma mãe solteira receber um carrinho de compras de supermercado graças à bondade de um membro de sua igreja, ou na próxima vez em que uma feira de artes for organizada em sua comunidade porque membros da igreja quiseram honrar a Deus com sua criatividade, ou na próxima vez em que um viciado em álcool passar doze meses limpo e sóbrio graças a um programa de recuperação de sua igreja, pergunte-se como todas essas coisas boas vieram a acontecer.

Foi porque sua igreja traçou um plano e agiu com base nesse plano.

Art Linkletter, grande amigo de Walt Disney, certa vez compartilhou uma história que se passou no 50º aniversário da Disneylândia, quando o fundador do parque já havia morrido. Um homem disse a Linkletter: "Não é uma pena que Walt Disney não tenha podido ver tudo isso?". E Art respondeu: "Ele viu. Por isso o parque existe hoje".[1]

Siga em frente

Sempre será mais difícil dirigir um carro estacionado que um carro em movimento. E não se preocupe com os planos que se metamorfoseiam ao longo do caminho. Planos, mesmo imperfeitos, impulsionarão você para frente.

Conta-se a história de um rapaz a quem o pai pediu para verificar os animais no celeiro antes de dormir. O pai lhe entregou uma lanterna acesa

[1] Disponível em: <http://disneyparks.disney.go.com/blog/2010/05/a-moment-with-art/.> Acesso em: 24 jan. 2012, 08:54:52.

e mandou-o cumprir a tarefa. O rapazinho parou e lamentou: — Estou com medo! A lanterna tem luz suficiente para um ou dois passos apenas. Depois fica tudo escuro!

Sábio, o pai retrucou: — Siga em frente até o limite da luz. Quando chegar lá, o próximo passo estará iluminado.

Como igrejas irresistíveis, esse é o nosso convite. Se você estiver disposto, ouvirá a voz do céu dizer: *Vem. Percorramos juntos essa estrada.*

Exercício prático: Trace um plano.

Guia de estudo

Muito obrigado por ler este livro. Minha oração é que em todo o país, todos os dias, mais e mais igrejas se tornem irresistíveis — campeãs em levar pessoas para mais perto de Deus, servindo de canal para o Espírito Santo transformar vidas para melhor, e impactando a sociedade para o bem. As igrejas irresistíveis são bênçãos para Deus e para nós. Quando descobrimos quem somos, estando firmados por completo em fazer o que Deus nos pede, então os nossos dias deixam de ser desperdiçados com as coisas erradas. Nossa vida passa a ser bem administrada.

Esse é o intuito desta parte do livro em que proponho a discussão de algumas perguntas e um estudo bíblico. Quero ajudá-lo a refletir sobre as ideias contidas em *A igreja irresistível* e a examiná-las exaustivamente. Por favor, sinta-se à vontade para usar esta seção em grupo ou sozinho.

Se você for líder de grupo, permita-me lembrá-lo de alguns detalhes:

- Incentive todos os integrantes do grupo a ler *A igreja irresistível* até o fim. Talvez você prefira que eles façam isso antes de dar início ao estudo coletivo, ou que leiam um capítulo por semana. Mantenha-se aberto para quaisquer questões que eles queiram levantar, em consequência da interação com o conteúdo do livro.
- Ao liderar o estudo, sem dúvida perguntas e opiniões variadas surgirão. Sempre que possível, recorram juntos às Escrituras em busca de respostas e para conhecer o ponto de vista de Deus sobre o assunto. Mantenha o Senhor no comando das discussões.
- Seja um exemplo de sinceridade respondendo com muita autenticidade aos temas do livro. Líderes são modelos de crescimento, não de

perfeição, e todos temos espaço para crescer aprendendo a pôr em prática as ideias apresentadas aqui. Incentivo você a ser franco acerca de suas experiências, seus questionamentos e seus pensamentos.

- Ore com os membros do grupo por eles mesmos e por sua igreja. Peça para Deus trabalhar na vida deles, e agradeça antecipadamente (pela fé) por aquilo que ele fará na vida de cada um e na igreja.
- Ao orar, peça para Deus proteger seu pequeno grupo da desunião, do egoísmo e do orgulho. Peça para que o Espírito Santo conceda a cada um de vocês discernimento espiritual da verdade bíblica, descobertas pessoais e progresso tanto como indivíduos quanto como parte do corpo da igreja local.

Característica 1: A igreja irresistível tem fome da presença de Deus

Lembre-se do principal

Geralmente, estamos mais interessados na logística de um programa, ministério, culto ou outra atividade da igreja do que em buscar a presença de Deus. No entanto, a busca da presença de Deus é de extrema importância. Nossas igrejas não podem sobreviver sem ela.

Por serem ambientes espirituais por natureza, as igrejas costumam relutar em admitir a ausência de Deus. É preciso uma avaliação sincera nessa área. Se não for possível sentir a presença de Deus na sua igreja, ponha em prática os seguintes passos para avançar nessa direção: (1) reconheça o vazio; (2) preencha o vazio com o que é certo; e (3) exiba intencionalmente sinais de fé visíveis.

Estude a Palavra de Deus

1. Este capítulo estimula você a medir "o vazio", isto é, a falta da presença de Deus numa igreja. Como está a saúde da sua igreja nessa área — positiva ou negativa?

2. Você já se preocupou mais em avaliar a administração da igreja do que em experimentar a presença de Deus? Explique.
3. Leia Mateus 18.20, Jeremias 23.24 e Tiago 4.8. Se Deus já é onipresente, o que significa buscar a presença de Deus?
4. Leia Efésios 5.18-20 e Gálatas 5.22,23. De acordo com essas passagens, quando estamos cheios do Espírito Santo, que características ficam mais evidentes em nossa vida? Dê alguns exemplos práticos da expressão visível disso.
5. Leia Salmos 145.18 e Hebreus 12.1,2. O que significa invocar a Deus com sinceridade, e que ações práticas podem ser implementadas para experimentar a presença de Deus de modo mais espetacular?
6. Como mencionado no texto do capítulo, de que maneira o fato de decorar "seu interior com cenários dos valores celestiais" pode contribuir para alinhar o coração dessa igreja com o céu? O que nunca deve ser esquecido ao adotar essa prática?
7. Compartilhe uma ocasião em que você experimentou a presença de Deus. O que aconteceu?

Dedique algum tempo à oração, pedindo a Deus maior senso da sua presença.

Característica 2: A igreja irresistível lembra-se de quem ela é

Lembre-se do principal

Se seguimos a Cristo, somos parte do corpo de cristãos formado pela Igreja universal. Nossa verdadeira identidade é gloriosa, como a da noiva no dia do casamento. É uma identidade que nos posiciona para a ação. A igreja é amada e escolhida, investida de poder por Deus e separada para servir. Nosso convite é sempre para lembrar-nos de nossa verdadeira identidade e então agir com base nela.

Quando falamos de igreja irresistível, referimo-nos a uma igreja local da qual as pessoas jamais se cansam. Muito mais importante que isso, no entanto, é o fato de o título nos lembrar da nossa verdadeira identidade como a noiva de Cristo e de que vivemos à luz dessa identidade. O título significa que estamos no processo de desenvolver as características que nos tornam gloriosos como noiva. No fim, uma igreja é reconhecida como irresistível porque reflete a glória de Cristo — aquele que de fato é irresistível.

Estude a Palavra de Deus

1. Por que é de vital importância compreendermos a verdadeira identidade da igreja e depois agirmos baseados nessa identidade?
2. Leia Apocalipse 2.9,10 e Efésios 5.21-30. De acordo com essas passagens, descreva o relacionamento de Cristo com a igreja.
3. Leia 2Timóteo 2.3,4 e 1Pedro 2.9. Como a identidade da igreja é descrita nessas passagens?
4. Numa escala de 1 a 10, com 1 sendo a identidade esquecida e 10, a identidade lembrada, qual você acredita sinceramente ser a posição da sua igreja?
5. Leia Hebreus 10.23-25 e Filipenses 2.14-16. Discuta a relação entre os propósitos de "reunir" e "espalhar" da igreja, segundo a descrição encontrada nessas páginas. Em outras palavras, o que somos chamados a fazer quando nos reunimos como igreja num culto de domingo e o que somos chamados a fazer como igreja no restante da semana?
6. Leia Mateus 5.13-16. Dê alguns exemplos práticos de como podemos ser "sal" (um conservante em meio à decadência) e "luz" (uma iluminação no escuro) tanto dentro da igreja (prédio) quanto longe dela no curso da semana.
7. Liste alguns modos práticos pelos quais a igreja que você frequenta pode lembrar-se da sua verdadeira identidade e agir com base nessa identidade.

Passe algum tempo em oração, pedindo ao Senhor para ajudar os participantes do grupo a compreenderem sua verdadeira identidade como igreja e como eles podem então agir com base nessa identidade.

Característica 3: A igreja irresistível age com o coração

Lembre-se do principal

A igreja irresistível age com o coração. Isso é o oposto de viver em função de uma imagem. Significa trabalhar e servir a Deus com paixão verdadeira e com o desejo intrínseco de percorrer os caminhos pelos quais o Senhor nos conduz e nos convida a seguir.

O perigo surge quando nossos programas superam nosso coração. Em geral, no início de qualquer iniciativa orientada para o ministério, lideramos com paixão. Corremos mais riscos. Desenvolvemos atividades com uma espécie de energia bruta. No entanto, uma vez que o programa é implementado, a tentação é acionar o piloto automático. Descansamos, achando que o programa continuará a produzir os mesmos resultados indefinidamente. O problema é que nosso coração começa a depender dos programas. Eles podem até continuar funcionando, só que sem coração algum por trás deles.

Agir com o coração não acontece por acaso. Trata-se de algo produzido e depois mantido por monitoramento vigilante. A tendência humana resvala para o egoísmo e o comodismo, de modo que só por meio de um esforço consciente e diário é que nos libertaremos da rotina.

Estude a Palavra de Deus

1. Como se parece uma igreja que age com o coração?
2. Em uma escala de 1 a 10, onde você posicionaria a sua igreja em termos de agir com o coração?
3. Leia 1Pedro 5.2. Descreva a motivação para o serviço encontrada nessa passagem. Como seria se sua igreja vivesse dessa forma?

4. Três características de agir com o coração são descritas nesse capítulo: rapidez para perdoar, maior capacidade para receber uma correção espiritual e levar uma vida entregue. Qual é mais difícil para você, e por quê? Qual é mais natural para você, e por quê?
5. Discuta a diferença entre um programa ou ministério da igreja que vem sendo mantido só porque já está em andamento, e um programa que vem sendo utilizado de fato como canal de transformação de vidas e impacto espiritual.
6. Agir com o coração significa viver com excelência sustentável. Leia Filipenses 4.8 e Marcos 6.30-32. Descreva o que significa viver uma vida apaixonadamente equilibrada. De quais salvaguardas podemos necessitar para edificar nossa vida de modo a irmos até o fim quando servimos ao Senhor?
7. Leia 2Timóteo 4.5-8. De acordo com essa passagem, o que nossas igrejas podem aprender com o exemplo de Paulo sobre agir com o coração?

Passe algum tempo em oração, pedindo a Deus para ajudar você a agir sempre com o coração.

Característica 4: A igreja irresistível pratica a gratidão

Lembre-se do principal

Gratidão é a quarta característica da igreja irresistível. Não é o mesmo que reconhecimento. Ambos são essenciais. Reconhecimento é a resposta cordial a um favor recebido. É a nossa confirmação de que as coisas saíram como queríamos. É a resposta a um presente ou uma promoção; o grito de alegria depois da bênção.

Gratidão, no entanto, é diferente. Só pode ser desenvolvida intencionalmente. Começa no espírito. É uma atitude, uma disposição que carregamos e praticamos, quer as coisas saiam como queríamos, quer não. Significa estar satisfeito antes que quaisquer presentes sejam dados — ou mesmo se não forem.

É exalar um "obrigado" silencioso independente das circunstâncias. É gritar aleluia mesmo quando não há garantia nenhuma de bênção. É a confiança para aceitar o que Deus nos trouxer.

Estude a Palavra de Deus

1. Em uma escala de 1 a 10, sendo 10 para muito grato e 1 para não muito, como você avaliaria o seu nível de gratidão e o da sua igreja? Existe relação entre os dois? Explique.
2. Como a diminuição intencional do nosso ritmo pode instigar-nos a sermos mais gratos?
3. Leia Filipenses 4.8 e Mateus 6.22,23. Como esses versículos podem ajudar-nos a desenvolver mais gratidão em nossas igrejas?
4. Leia 1Tessalonicenses 5.16-18. Qual a diferença entre dar graças *em meio a cada circunstância* e dar graças *por* todas as circunstâncias? O que Deus nos chama a fazer?
5. Você já passou pela experiência de ouvir Deus dizer não a um pedido de oração, mas depois viu tudo funcionar da melhor maneira possível e a seu favor?
6. Como a avaliação de algo segundo seu propósito (não segundo uma preferência pessoal) pode contribuir para a gratidão?
7. Liste cinco características da sua igreja pelas quais você se sente grato.

Passe algum tempo em oração, agradecendo a Deus por tudo aquilo em que conseguir pensar.

Característica 5: A igreja irresistível promove relacionamentos saudáveis

Lembre-se do principal

Quando determinada igreja tolera a presença de problemas mal resolvidos, a insegurança destrói a igreja local como ervas daninhas fazem a um campo arado. Os visitantes detectam a inevitabilidade da colheita ruim, muito embora talvez não sejam capazes de apontar com exatidão a origem do problema. Resolver conflitos é de importância máxima numa igreja, embora raras vezes seja uma tarefa fácil. Mas pode ser feita — e de maneira continuada — tanto na sua igreja quanto na minha.

A saúde surge na igreja quando seus membros promovem e incentivam um senso de unidade no vínculo do amor. Ter essa característica não significa que todos dentro da igreja concordam sempre com tudo, ou que nunca existem problemas. Significa apenas que, quando os problemas aparecem, dedicamos tempo e esforço para resolvê-los de maneira adequada. Por irônico que pareça, pode ser revigorante, libertador até, reconhecer a inevitabilidade dos problemas no interior da igreja. Nenhuma igreja está livre de problemas, nem deveríamos esperar que fosse assim. Quando percebemos que eles surgem em qualquer igreja local, libertamo-nos da pressão de ter tudo muito arrumado o tempo todo.

Estude a Palavra de Deus

1. Que fatores podem dificultar ou desafiar uma organização a trabalhar seus conflitos?
2. Leia Provérbios 12.16. Em que situações seria prudente desconsiderar um insulto?
3. Leia Mateus 5.23,24. O princípio dessa passagem é: ter relacionamentos certos com as pessoas é mais importante do que realizar práticas espirituais exteriores. Descreva maneiras pelas quais essa passagem pode ser aplicada à sua vida.
4. Existe algum motivo pelo qual seria saudável para as igrejas discordar? Cite maneiras saudáveis pelas quais os membros de uma igreja podem discordar e ainda assim permanecerem unidos. Com base em que diferenças poderia ser considerado saudável que as pessoas de uma igreja seguissem caminhos distintos?
5. Defina e descreva os componentes necessários para a solução de conflitos.

6. Em uma escala de 1 a 10, sendo que 10 representa o mais alto nível de uma condição saudável, onde você diria que a sua igreja está neste momento em termos de lidar de forma consistente com os conflitos?
7. Que atitude você pode tomar esta semana para promover ou restaurar maior unidade em sua igreja?

Dedique tempo à oração pelos relacionamentos em sua igreja. Peça para Deus fortalecê-los e abençoá-los. Peça que ele ajude a corrigir os relacionamentos estremecidos ou rompidos.

Característica 6: A igreja irresistível está sempre aprendendo

Lembre-se do principal

Como igreja, privilegiamos a estabilidade em detrimento da mudança. Nosso objetivo não declarado costuma ser chegarmos a um bom lugar e então nos aquietarmos. Mas a igreja irresistível opta por aprender e adaptar-se o tempo todo. A mudança é a moeda de uma sociedade em constante transformação, e o que funcionou ontem para ministrar a essa sociedade pode não funcionar hoje.

A igreja irresistível não muda por mudar apenas. A ênfase principal nunca está em ser relevante, atual ou "legal". Antes, devemos mudar porque Deus usa o agente da mudança para o bem que ele determinou. O Senhor sabe que, quando as pessoas param de aprender coisas novas, param também de crescer. O espírito humano floresce ao aprender sobre Deus, sua vontade, os outros e até sobre si mesmo. Às vezes a mudança é necessária a fim de alcançar novos grupos de pessoas.

Estude a Palavra de Deus

1. Leia Provérbios 14.4; em seguida, discuta a ideia: "Se nosso objetivo for um celeiro vazio, não teremos força nem efetividade alguma".

2. Por que é perigoso para a igreja mudar por mudar apenas? É possível mudar demais, rápido demais ou pelos motivos errados?
3. Numa escala de 1 a 10, sendo 10 o nível mais saudável, onde você diria que sua igreja está agora em seu compromisso com o aprendizado constante?
4. Qual a diferença entre debate e discussão? Como garantir que uma reunião de avaliação contenha debates sem discussões?
5. Leia Êxodo 18.5-27. Nessa história, por que Moisés teve boa intenção, mas foi ineficaz na liderança, e como seu sogro o ajudou a mudar para melhor?
6. Em que áreas da sua vida ou da sua igreja você pode aplicar a história que acaba de ler? Em outras palavras, existem áreas de serviço nas quais você tem boas intenções, ou está envolvido, mas não consegue ser eficaz? Que mudanças precisam acontecer?
7. Que ação você pode implementar esta semana no sentido de aprender algo novo?

Passe algum tempo orando para que Deus ajude você e sua igreja a mudar em resposta ao chamado dele sobre a sua vida, no sentido de que você se transforme segundo a semelhança de Cristo e ajude a discipular pessoas.

Característica 7: A igreja irresistível promove a autoalimentação espiritual

Lembre-se do principal

A igreja irresistível está repleta de pessoas que se autoalimentam. A ingestão de alimento espiritual não é responsabilidade de mais ninguém a não ser nossa. Não posso esperar que outros me alimentem. Se pretendo crescer e amadurecer, a responsabilidade por isso não é do pastor, de um presbítero ou da professora da escola dominical. Com certeza essas pessoas ajudarão a me treinar, instruir, encorajar e aguçar minhas habilidades; mas só eu sou responsável por me alimentar.

Estude a Palavra de Deus

1. Como Salmos 46.10 encoraja você a se autoalimentar? Como você aplicaria essa passagem à vida cotidiana?
2. Nomeie algumas barreiras típicas à autoalimentação. Por que algumas pessoas acham difícil ler a Bíblia regularmente, orar e passar tempo a sós com Deus?
3. Leia Salmos 119.32-35. Que benefício de seguir a Cristo é descrito nessa passagem? Quais são alguns modos práticos pelos quais podemos percorrer o caminho dos mandamentos de Deus? O que acontece quando Cristo liberta nosso coração?
4. Leia Hebreus 4.12. Por que a Bíblia é viva?
5. Leia Salmos 16.8. De acordo com esse versículo, qual é a nossa responsabilidade e qual é o nosso benefício?
6. Como seria chegar à igreja já motivado para crescer? O que ajuda a nos motivar nessa área?
7. De que maneiras você já se autoalimenta espiritualmente? Como pode melhorar nessa área?

Passe algum tempo em oração, agradecendo a Deus por sua Palavra e pedindo que ele o ajude a cuidar de sua autoalimentação espiritual.

Característica 8: A igreja irresistível conecta tudo à alma

Lembre-se do principal

A igreja irresistível relaciona tudo o que faz à alma. Isso quer dizer que cada função da igreja está relacionada à missão de salvar o perdido e ajudar as pessoas a crescer na fé. A igreja não é um clube, nem uma comunidade de pessoas que se reúnem em torno de uma causa comum. Nosso trabalho se reveste de seriedade e propósito devido às consequências eternas. Deus nos convida a amar, a servir e a obedecer, e parte da aventura de segui-lo significa ajudar as pessoas a encontrarem o caminho até o Senhor.

Estude a Palavra de Deus

1. Leia Apocalipse 21-22.5. Liste algumas das descrições do novo céu e da nova terra encontradas nessa passagem. Pelo que você mais anseia?
2. Leia Mateus 22.34-40. Quais são os dois maiores mandamentos?
3. Leia Mateus 28.18-20. O que Jesus diz para os discípulos fazerem?
4. Como as funções de uma igreja se relacionam de alguma forma com Mateus 22.34-40 e Mateus 28.18-20? Dê alguns exemplos.
5. Até que ponto você diria que tudo em sua igreja está relacionado com a missão que ela possui? Você tem a sensação de que as pessoas conhecem a verdadeira função de uma igreja e vivem de acordo com ela?
6. O que significa que todos juntos ajudamos a levar pessoas a Cristo? Até que ponto você se sente satisfeito com o número de pessoas que já ajudou a levar a Cristo?
7. Agora, um pequeno *brainstorming* criativo. Liste três ou quatro funções da sua igreja. Em seguida, conte como cada uma delas se relaciona à alma de alguém. (Alguns exemplos: o trabalho de assistente administrativo, o serviço de segurança, dons específicos para departamentos especiais como o ministério de jovens, o ministério de motocicleta, o ministério de recuperação.)

Como você poderia relacionar-se à alma de alguém com o que faz na igreja ou durante a semana, longe da igreja?

Característica 9: A igreja irresistível escolhe amar

Lembre-se do principal

A igreja irresistível ama as pessoas da sua comunidade bem como o chamado para alcançá-las. O maior amor é o amor por escolha. A Bíblia o chama de *ágape*.

Muitos fatores podem motivar uma pessoa a servir a Cristo. No entanto, outros estímulos (como a culpa) são bem-sucedidos, principalmente em criar frustração ou um falso senso de dever. A Bíblia nos mostra um caminho melhor em 2Coríntios 5.14: "O amor de Cristo nos constrange". O conceito tanto nos liberta quanto nos enche de poder. Quando amamos alguém em profundidade, servimos com coração alegre. Nossos atos são caracterizados por uma paixão sustentável — que não resplandece nem se extingue rápido demais.

Estude a Palavra de Deus

1. Discuta os vários motivos que as pessoas ou igrejas podem ter para servir a Deus. Em seguida, leia 2Coríntios 5.14. Como nosso amor por Deus pode ser a melhor motivação para o serviço?
2. Leia Mateus 20.30-34. Como o exemplo de compaixão de Cristo nos motiva a servir outros?
3. Até que ponto você diria que o amor por Deus e o amor pelas pessoas direciona as diversas funções da sua igreja?
4. Escolha um ministério específico que esteja funcionando bem em sua igreja e identifique a conexão entre ele e o amor. Por exemplo: *Vemos que as pessoas da nossa igreja amam de verdade os alunos do curso médio porque estão mais do que dispostas a participar de retiros com eles e fazer a obra necessária para o sucesso do retiro.*
5. Encontramos tempo para fazer aquilo que amamos. Como você pode ver esse princípio em operação na sua própria vida?
6. Leia Êxodo 4.1-17. Qual é a atitude de Moisés para com o serviço, conforme demonstrado nessa passagem? Qual a relação entre servir a Deus por amor e servir a Deus por obediência?
7. Como o gesto de orar por uma pessoa ou uma região antes de lhes ministrar pode ajudar você a desenvolver amor por essa pessoa ou região?

Dedique algum tempo orando pelas pessoas da sua igreja e comunidade. Peça ao Senhor que dê a você amor e compaixão fortes por esse povo.

Característica 10: A igreja irresistível se arrisca

Lembre-se do principal

A igreja irresistível corre riscos. Neste sentido, risco é quando a igreja dá um passo à frente em fé para ministrar em novas iniciativas que visam a edificação do Reino. Ela reage em obediência à orientação de Deus.

Como o bebê que dá os primeiros passos, se a igreja optar por não correr risco, não cresce. Quando intencionalmente abalamos nosso conforto e nossa estabilidade, em prol da expansão do Reino, o crescimento espiritual acontece. A igreja que se arrisca entende que a fé é viva. Nosso chamado não é para chegarmos a um destino de estabilidade, mas para percorrermos um caminho de crescimento e transformação constantes. Para vivermos pela fé, precisamos estar dispostos a romper o equilíbrio da nossa vida.

Estude a Palavra de Deus

1. Como a estabilidade e o conforto podem tornar-se sentenças de morte para a igreja?
2. "Arriscar-se nunca tem a ver com um movimento do acaso, mas deve ser sempre uma resposta à condução do Espírito Santo". Explique.
3. Numa escala de 1 a 10, com 10 sendo o mais arriscado, até que ponto a sua igreja é uma igreja que se arrisca?
4. Que verdades são aprendidas em 1João 4.15 e João 16.13, e como essas verdades poderiam ser aplicadas aos riscos que nossas igrejas se dispõem a correr?
5. De que maneiras a verdade de Romanos 8.28 é um elemento essencial da orientação de Deus?

6. Você já viveu uma situação em que correu um risco pelo Senhor e as coisas não saíram conforme o esperado? O que aconteceu? Sua perspectiva sobre a situação mudou?
7. Leia Marcos 4.1-20. De acordo com essa passagem, até que ponto podemos fracassar ao lançarmos sementes espirituais? De acordo com o versículo 20, qual será a medida do nosso sucesso? Qual tem sido sua experiência ao lançar esse tipo de semente?

Em que novas áreas de crescimento você vê sua igreja sendo obediente a Deus?

Característica 11: A igreja irresistível se humilha

Lembre-se do principal

A décima primeira característica da igreja irresistível é a humildade. Ela é demonstrada quando a igreja segue o ensinamento encontrado em Tiago 4.10 e se humilha, de modo que o Senhor possa elevá-la no devido tempo. Esse ensinamento também está presente em 1Pedro 5.5,6: "[...] 'Deus se opõe aos orgulhosos, mas concede graça aos humildes'. Portanto, humilhem-se debaixo da poderosa mão de Deus, para que ele os exalte no tempo devido".

Humildade é lembrar quem somos à luz de quem é Deus. Como cristãos, temos uma tarefa vital que não queremos perder de vista. É fácil nos envolvermos em várias coisas e perdermos aquilo que Deus espera que sejamos. Mas somos chamados para servir a Deus e para dedicar nossa vida a questões importantes. Às vezes, o que é importante pode surpreender-nos. Mateus 10.42 diz que até um copo de água fresca dado em nome de Jesus não ficará sem recompensa. Nosso convite é para representarmos e irradiarmos Cristo, sermos embaixadores dele, pensarmos o que ele pensa e falarmos o que ele fala. Nosso chamado é para servir a Deus de qualquer maneira que ele nos peça.

Estude a Palavra de Deus

1. Leia Tiago 4.10 e 1Pedro 5.5,6. O que significa para uma igreja se humilhar? De que maneira o Senhor poderia exaltá-la?
2. Numa escala de 1 a 10, com 10 representando humildade e 1, orgulho, onde você diria que a sua igreja se encontra?
3. Leia Mateus 6.1-18. Com que postura de coração a Bíblia nos diz para orar, dar ao necessitado e jejuar?
4. Leia Mateus 5.16. Qual o equilíbrio entre deixar a sua luz brilhar diante dos homens e fazer bons gestos em segredo ou anonimato?
5. Que passo você poderia dar esta semana para fazer um gesto oculto de bondade?
6. Como meditar na missão da sua igreja pode ser um gesto de humildade?
7. Leia 1Samuel 31 e 2Samuel 1.1-15. Que erro o jovem amalequita cometeu, e que lições podemos aprender com sua história? Dê exemplos práticos de como isso se aplica à vida cotidiana.

Passe tempo em oração, pedindo para o Senhor lhe mostrar quaisquer áreas de orgulho não confessado. Em oração, decida humilhar-se e permitir que o Senhor o exalte no tempo devido.

Característica 12: A igreja irresistível tem um plano

Lembre-se do principal

A décima segunda característica da igreja irresistível é ter um plano. Esse tipo de igreja busca a orientação de Deus com seriedade, desenha uma planta a partir dessa orientação e, em seguida, avança com ousadia para implantar o plano.

Estude a Palavra de Deus

1. Leia Tiago 4.13-15. Que atitude importante do coração é necessária ao fazermos nossos planos?

2. Leia Provérbios 16.1,9; 19.21 e 20.24; depois, Provérbios 16.3; 20.18; e Salmos 20.4. O que essas passagens nos ensinam sobre planejar?
3. Até que ponto você diria que sua igreja tem um plano atualmente? As pessoas estão conscientes desse plano e agem com base no que ele registra?
4. Leia Mateus 6.22,23. Como adotar uma perspectiva bíblica positiva nos ajuda a viver com vitória, força e confiança?
5. Que futuro melhor você imagina para sua igreja? Talvez você queira elaborar uma relação das diversas áreas e ministérios dentro da igreja.
6. Leia Salmos 8.1 e 2Coríntios 3.18. Se o nome de Deus retrata seu caráter, a que tipo de Deus servimos? Se estamos sendo transformados segundo sua semelhança, como seremos à medida que nos tornamos pessoas — e igrejas — excelentes?
7. Leia 1Crônicas 12.32. De que maneira sua igreja pode tornar-se como os homens de Issacar, "que sabiam agir em qualquer circunstância"? Relacione alguns passos concretos que sua igreja pode dar.

Dedique algum tempo à oração, perguntando ao Senhor qual o plano dele para a sua igreja. Depois peça-lhe força para agir de acordo com esse plano.

Sobre o autor

Wayne Cordeiro é pastor sênior da New Hope Christian Fellowship no Havaí, listada entre as 21 igrejas mais influentes e as 10 mais inovadoras dos Estados Unidos.

Wayne ama implantar igrejas e já implantou mais de uma centena nos países da orla do Pacífico, das Filipinas ao Japão, Austrália e Mianmar, até o Havaí, Califórnia, Montana, Washington e Nevada. Na última contagem, mais de 83 mil pessoas se decidiram por Cristo pela primeira vez em uma dessas igrejas.

Além de suas responsabilidades para com a New Hope, Wayne recentemente aceitou o papel de presidente do Eugene Bible College, no qual se formou e que hoje é conhecido como New Hope Christian College. O NHCC faz parte de um consórcio de faculdades cristãs da orla do Pacífico, com instalações no Havaí, Oregon, Mianmar e Tóquio.

Wayne escreveu dez livros, incluindo *Faça de sua igreja uma grande equipe*, *Liberador de sonhos*, *As sete regras do sucesso*, *Atitudes que atraem o sucesso*, *Mentores segundo o coração de Deus* e *Andando com o tanque vazio?*. Também é autor do *Life Journal*, utilizado por milhares de igrejas em todo o mundo para levar as pessoas de volta à Palavra de Deus.

Wayne e a esposa, Anna, estão casados há mais de trinta e cinco anos. Têm três filhos casados e quatro netos. Dentre os *hobbies* de Wayne, estão música, leitura, esportes aquáticos, dirigir sua Harley-Davidson e adestrar cavalos. Wayne e Anna dividem o tempo entre o Havaí e Eugene, Oregon, onde a família tem uma fazenda.

Conheça outras obras de

Wayne Cordeiro

publicadas por Editora Vida

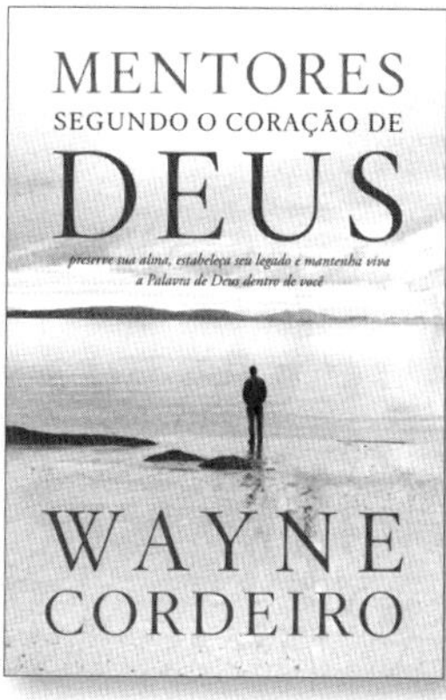

Mentores segundo o coração de Deus

Em *Mentores segundo o coração de Deus,* você descobrirá como desfrutar de um relacionamento vital, dinâmico e íntimo com Deus, à medida que aprende a ouvi-lo diariamente por meio da Bíblia. Você embarcará em uma aventura que o apresentará a seus mentores eleitos, homens e mulheres que podem salvar sua saúde, seu casamento, seu ministério e seu futuro.

Wayne Cordeiro o desafia a desenvolver um hábito para a vida toda — a única coisa que Jesus diz ser realmente necessária — preservar sua alma, estabelecer seu legado e manter viva a Palavra de Deus dentro de você.

Andando com o tanque vazio?

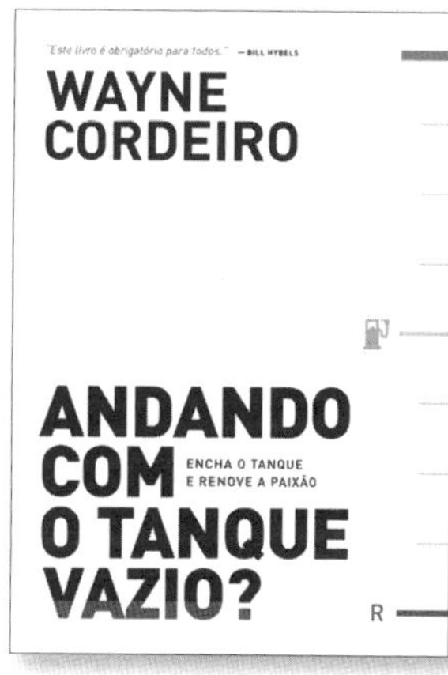

Se você é líder ou ministro de uma igreja, é bem provável que se identifique com a experiência de Wayne Cordeiro: uma jornada de três anos por um período de esgotamento extremo, o chamado *burnout,* sentindo-se esmagado pelas exigências do ministério. Há momentos em que você acha que todas as suas energias se esgotaram e então pensa em fugir da pressão constante.

Em *Andando com o tanque vazio?,* Wayne Cordeiro compartilha suas experiências de modo franco, na esperança de que isso mude o rumo de outras pessoas que poderiam seguir pelo mesmo caminho. Ele conseguiu recuperar a vida, voltar a um equilíbrio adequado e permitiu que Deus concedesse nova energia a seu espírito. Aprenda com a experiência de Wayne como você pode continuar tendo um ministério frutífero. Melhor ainda, beneficie-se dos conselhos de Wayne e evite a síndrome de *burnout.*

Esta obra foi composta em *Arno Pro* e *Square721 BT*
e impressa por Imprensa da Fé sobre
papel *Offset* 70 g/m² para Editora Vida